汉语国际教育系列教材

舒适时尚的深圳：生活篇

汤志祥　汤力文　李健　编著

中国人民大学出版社
·北京·

图书在版编目（CIP）数据

舒适时尚的深圳：生活篇 / 汤志祥，汤力文，李健编著. --北京：中国人民大学出版社，2021.8
汉语国际教育系列教材
ISBN 978-7-300-28650-1

Ⅰ. ①舒… Ⅱ. ①汤… ②汤… ③李… Ⅲ. ①汉语－对外汉语教学－教材 Ⅳ. ①H195.4

中国版本图书馆CIP数据核字（2020）第187988号

汉语国际教育系列教材

舒适时尚的深圳：生活篇

汤志祥　汤力文　李健　编著

Shushi Shishang de Shenzhen：Shenghuopian

出版发行	中国人民大学出版社		
社　　址	北京中关村大街31号	**邮政编码**	100080
电　　话	010-62511242（总编室）		010-62511770（质管部）
	010-82501766（邮购部）		010-62514148（门市部）
	010-62515195（发行公司）		010-62515275（盗版举报）
网　　址	http：//www. crup. com. cn		
经　　销	新华书店		
印　　刷	北京瑞禾彩色印刷有限公司		
规　　格	210mm×285mm　16开本	**版　　次**	2021年8月第1版
印　　张	12	**印　　次**	2021年8月第1次印刷
字　　数	150 000	**定　　价**	49.00元

谨以此教材向深圳大学建校35周年献礼!

编 委 会

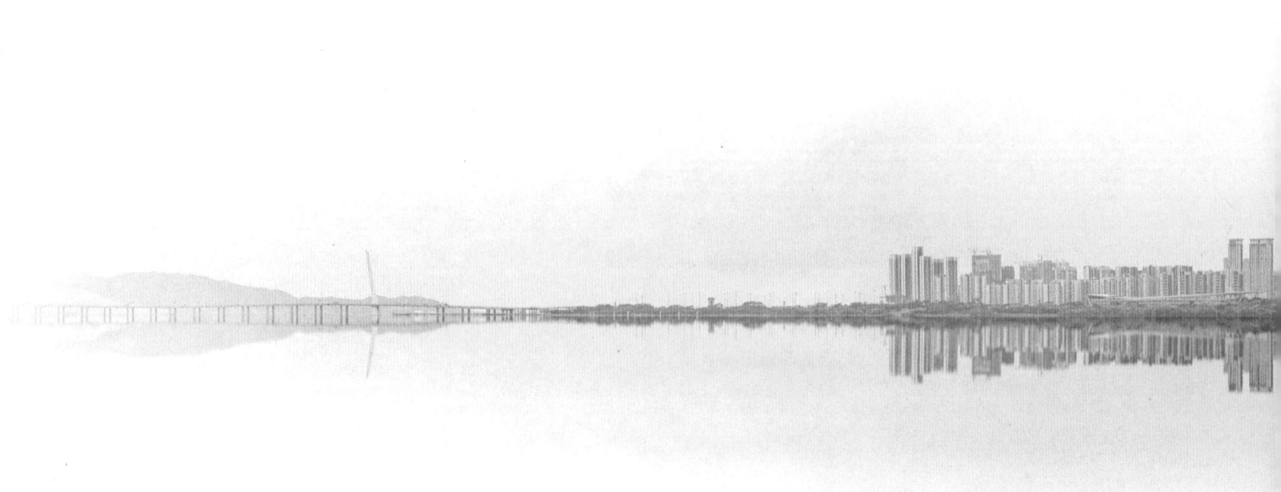

Preface 序言一

2018年，恰逢中国改革开放四十周年、深圳大学建校三十五周年及国际交流学院成立十周年。

以“特区大学”“窗口大学”“实验大学”闻名于世的深圳大学，在三十多年时间里，为全球六十多个国家超过两万名学生提供了各种类型和层次的汉语教育，为汉语国际教育事业贡献了力量。

语言是一个民族历史和文化的宝贵资源与财富。伴随国家“一带一路”倡议的实施和人类命运共同体的构建，得益于深圳国际化城市地位的稳步提升，深圳大学汉语国际教育品牌越来越亮，“汉语国际教育系列教材”应运而生。

这是一套为外国留学生全面介绍国际花园城市——深圳的系列教材，共分为三册：《舒适时尚的深圳：生活篇》《美丽欢乐的深圳：旅游篇》《生机盎然的深圳：投资篇》。该系列教材内容新颖，简练实用，通俗易懂，非常契合留学生学习汉语的需要。该系列教材以深圳为背景，融汇经济与文化、语言与交际、结构与功能，体现了深圳“世界窗口”和“创新之都”的城市特色，有助于留学生了解深圳，了解中国。

该系列教材的编写科学合理，采用语言教学中功能、结构和情景三结合的编写法，综合了阅读、说话、听力和写作四大语言技能的训练。书中每一课都配编了与课文相关的词语和各种资料，并以二维码的形式提供音频资料，增加了教材的丰富性和趣味性。

该系列教材的出版，谱写了深圳大学汉语国际教育的新篇章，为深圳大学国际化战略贡献了新力量！祝愿此书能成为广大留学生学习汉语、爱上中国的良师益友！

深圳大学副校长、博士生导师　王晖

Preface 序言二

建构人类命运共同体，是中国的畅想，也是世界人民的夙愿。无论是与"一带一路"沿线国家建立战略伙伴关系，还是推进粤港澳大湾区建设的实施，汉语作为沟通工具必不可少，其国际地位日益凸显。

深圳大学教师集体编撰的汉语国际教育系列教材由《舒适时尚的深圳：生活篇》《美丽欢乐的深圳：旅游篇》《生机盎然的深圳：投资篇》三册构成，其读者群为全球对汉语言文化和中国发展感兴趣的外国友人。这套书的宗旨在于，努力讲好中国故事，增强中国文化国际传播，推动中国文化有效走出去。这套书具有三个特点：

一、选题新颖独特。该系列教材为迄今为止第一套全面介绍深圳的生活、人文、环境，以及经济、科研、创新、建设等方面的汉语教材。该系列教材图文并茂，真实地反映深圳经济特区成立40年来在社会、经济、科技和文化建设诸方面的杰出成就和社会风貌，力图成为深圳百科全书，打造通向世界的名片。

二、编写方法科学。该系列教材是深圳大学在多年汉语国际教学实践的基础上， 综合了多门语言学理论和语言教学理论编著而成的，编写科学而合理，施教实用而有效，既结集成套又各自独立。这套教材的编撰、出版和使用将推动深圳大学从事国际汉语（对外汉语）教学教师的科学研究，总结已有的教学经验，进一步提高教学水平。

三、教材的适用性广。该系列教材适用于来华留学的各国学生，包括长、短期语言生和高等教育学历生，也适用于在深圳工作的外企员工及其他外国人。

国家强则语言强，语言强促国家强。开掘汉语资源，服务信息化全球化时代， 任重道远。

祝福深圳，祝福中国！

中央民族大学教授、博士生导师　**戴庆厦**

Foreword 前言

汉语国际教育系列教材试图真实反映深圳经济特区成立以来在社会、经济、科技和文化建设诸方面的杰出成就与社会风貌，是深圳大学在多年汉语国际教学实践的基础上，综合了多门语言学理论和语言教学理论而编著的。我们的目标是：编写一套内容丰富而新颖、体例科学而合理的实用并具有实效的教材。

该套教材分成三册，多方面介绍深圳概况，包括《舒适时尚的深圳：生活篇》《美丽欢乐的深圳：旅游篇》《生机盎然的深圳：投资篇》。

全套书的编写原则是：

（1）注重语言教学中功能、结构和情景三结合。

（2）注重说话、听力、阅读和写作四大语言技能的训练。

（3）注重教材的知识性、丰富性和趣味性。

在教材的具体编排设计上，尽力做到以下几个方面：

（1）每册教材按一个学期的教学量编写，主要由12篇课文构成，另配3篇补充课文，共15篇课文。

（2）每一课按每次两课时的教学量编写，全课由生词、课文、会话、要点注释、练习、阅读共六部分构成。

（3）每一课的课文和会话分别涉及书面语言和口语语言。

（4）每篇课文的长度在400 ~ 600字，生词量控制在30 ~ 40个。

（5）每一课的语法要点控制在4 ~ 8个，对每一个语法要点都在“要点注释”做了较为详细的讲解。

（6）每册书的附录部分设计有全书课文与会话生词表和全书课文与会话专有名词表。

（7）为了方便教和学，我们在汉语拼音部分采取了简易的分词连写的方式：

1）对中文成语全部实行连写，譬如：鳞次栉比 líncìzhìbǐ，津津有味 jīnjīnyǒuwèi，一应俱全 yīyīngjùquán。

2）对定位的实语素词缀实行连写，譬如：牛肉面 niúròumiàn，车尾箱 chēwěixiāng，滑浪板 huálàngbǎn；对定位的半虚半实语素词缀实行连写，譬如：工艺品 gōngyìpǐn，粤菜馆 yuècàiguǎn，服务员 fúwùyuán；对定位的虚语素词缀实行连写，譬如：毛孩子 máohaízi，大伙儿 dàhuǒr 等。

（8）为扩大读者的阅读面和词汇量，对每篇阅读短文里的生词都标上汉语拼音和英文对应词，用括号加以标注。譬如：

第一册第一课阅读短文《一座年轻的城市》：

深圳市是中国现代化发展的“窗口”（chuāngkǒu，window），所以吸引（xīyǐn，attract）了来自全国各地的人。可以说深圳是一个移民（yímín，immigrant）城市，因为有百分之九十多的深圳人都不是土生土长的本地人。

（9）全套书的生词、专有名词、课文和会话都配有音频资源。

由于编者的学识、经验和水平有限，本套教材会存在诸多不足之处，甚至会有一些谬误，将有待于各位读者不吝指教，以便我们今后做出修改和修正。

汤志祥

谨志于2018年8月26日

（深圳经济特区生日）

目录 CONTENTS

Lesson One

第一课 快到深圳来吧

要点：
1. 因为……所以……
2. 这儿 / 这里
3. 各
4. 从……到……
5. 可不是

一、生词 New Words and Expressions

字词音频

1	留学生	liúxuéshēng	名词 n.	international student；overseas student
2	因为……所以……	yīnwèi……suǒyǐ……	连词 con.	because…so…
3	听说	tīngshuō	动词 v.	to hear of
4	外资	wàizī	名词 n.	foreign investment
5	企业	qǐyè	名词 n.	enterprise
6	年轻	niánqīng	形容词 adj.	young
7	城市	chéngshì	名词 n.	city
8	良好	liánghǎo	形容词 adj.	good
9	投资	tóuzī	动词 v.	to invest
10	环境	huánjìng	名词 n.	environment
11	努力	nǔlì	形容词 adj.	hard
12	生活	shēnghuó	动词 v.	to live
13	自	zì	介词 prep.	from
14	各	gè	代词 pron.	every，each
15	标准	biāozhǔn	形容词 adj.	standard
16	普通话	pǔtōnghuà	名词 n.	common speech(of the Chinese language)
17	花园	huāyuán	名词 n.	garden
18	优美	yōuměi	形容词 adj.	fine，graceful
19	感到	gǎndào	动词 v.	to feel
20	满意	mǎnyì	形容词 adj.	be satisfied
21	渔村	yúcūn	名词 n.	fishing village
22	现代化	xiàndàihuà	名词 n.	modernization
23	发展	fāzhǎn	动词 v.	to develop
24	周末	zhōumò	名词 n.	weekend

专有名词 Proper Names

1	深圳	Shēnzhèn	Shenzhen
2	田中	Tiánzhōng	a Japanese name
3	香港	Xiānggǎng	Hong Kong
4	蛇口	Shékǒu	Shekou, an area at the southern tip of Nanshan, Shenzhen

二、课文 Text

课文音频　课文拼音

快到深圳来吧

我是一名留学生，去年在北京学了半年汉语。因为听说深圳有不少外资公司和企业，所以[1]今年我就到深圳来了。

和北京不一样，深圳是一座年轻的城市。这儿[2]有良好的投资环境，很多外资企业都来投资。我很希望以后能在这儿工作。

我现在正在努力学习汉语。我觉得深圳也是一个学习汉语的好地方。在这里生活的人们来自全国各[3]地，你可以在这儿学到标准的普通话，也可以学到广州话。

深圳是一座美丽的花园城市。这儿的环境非常优美，一年四季，树都是绿的，花儿也开得很漂亮。在这里学习和生活，我感到很满意。所以，我想对我的朋友们说——快到深圳来吧！

三、会话 Dialogues

1 在教室

会话1音频

田　中：您在深圳生活多长时间了？

张老师：我1980年从北京到[4]这儿来，有40年了。

田　中：听说以前深圳是一个小**渔村**。

张老师：是啊，可是现在已经是一座**现代化**城市了。

田　中：深圳的**发展**真是太快了！

张老师：可不是[5]。

2 在宿舍

会话2音频

小王：田中，明天是**周末**，你打算到哪儿去？

田中：我想去**香港**看朋友。

小王：坐车去吗？

田中：从**蛇口**坐船去，一个小时就到了。

小王：深圳离香港那么近，多方便啊！

田中：所以明天晚上我就回来。

四、要点注释 Notes to the Text

1 因为…… 所以……

“因为…… 所以……”的句式主要用来表示原因和结果的关系。“因为”指出原因，“所以”说明结果。一般“因为”用在第一分句，“所以”用在第二分句。譬如：

（1）**因为**深圳离香港很近，**所以**来去很方便。
（2）**因为**今天是周末，**所以**大家都来这儿玩。
（3）**因为**这儿的环境非常优美，**所以**我很想在这儿多住几天。

如果不十分强调原因，“因为…… 所以……”句式中，可以不用前面的连词“因为”，而只说后面的“所以”。这样，前面的三句可以说成：

（1）深圳离香港很近，**所以**来去很方便。
（2）今天是周末，**所以**大家都来这儿玩。
（3）这儿的环境非常优美，**所以**我很想在这儿多住几天。

在口语中，如果不需要强调前后两句的因果关系，“因为……所以……”句式中的两个连词往往都可以省略。这样，前面的三句还可以说成：

（1）深圳离香港很近，来去很方便。
（2）今天是周末，大家都来这儿玩。
（3）这儿的环境非常优美，我很想在这儿多住几天。

2 这儿/这里

“这儿”和“这里”两个词的意思一样。“这儿”主要用于口语，“这里”主要用于书面语。譬如：

口语	书面语
我在这儿	我在这里
他不在这儿	他不在这里
这儿的东西很贵	这里的东西很贵

中国的北方人口语中常说“这儿”，而中国的南方人大都说“这里”。譬如：

北方话口语	南方话口语
你到这儿来	你到这里来
他刚刚还在这儿	他刚刚还在这里
我不想住这儿	我不想住这里

在中国南方的方言区里，人们的口语中还常常把“这儿”说成“这边”。譬如：

北方话口语	南方话口语
你到这儿来	你到这边来
他刚刚还在这儿	他刚刚还在这边
我不想住这儿	我不想住这边

3 各

“各”常常用在名词或者量词的前面，表示所有的个体。譬如：

用在名词前面：各人　各地　各班　各国　各学校　各公司　各企业
用在量词前面：各个人　各个地方　各门功课　各位朋友　各种花儿

“各+名词”的结构，往往是“各+量词+名词”的省略形式。譬如：

各人—各个人；各地—各个地方；各国—各个国家

由于语言习惯，有的词组不用省略的形式。譬如：

"各种花儿"不能说"各花儿"
"各位朋友"不能说"各朋友"或者"各朋""各友"

4 从……到……

"从+地点词1+到+地点词2"的句式表示动作的起点和终点。譬如：

从北京到深圳　从日本到中国　从公司到学校

"从"也可以用于"从+地点词+来/去"的句式，表示动作的起点。譬如：

从北京来　从公司来　从深圳来
从学校去　从家里去　从广州去

5 可不是

"可不是"经常用在口语的应对中，表示强烈的肯定或者赞同，意思相当于"对啊""是啊"。一般不用于评说说话者自己。譬如：

（1）甲：今天天气真热！
乙：可不是！
（2）甲：这儿的东西贵得很！
乙：可不是！
（3）甲：深圳看上去很漂亮！
乙：可不是！

五、练习 Exercises

1 辨字、注音并组词（尽可能多组词语）

例子：

字	音	组词1	组词2	组词3	组词4
轻	qīng	年轻	轻松	轻声	轻音乐

习题：

字	音	组词1	组词2	组词3	组词4
留					
备					

字	音	组词1	组词2	组词3	组词4
企					
会					

字	音	组词1	组词2	组词3	组词4
优					
休					

字	音	组词1	组词2	组词3	组词4
各					
名					

字	音	组词1	组词2	组词3	组词4
投					
择					

字	音	组词1	组词2	组词3	组词4
觉					
常					

2 划线连词

年轻的	普通话	努力	各地
标准的	城市	外资	发展
优美的	花园	来自	学习
美丽的	环境	快速	企业

3 替换练习

（1）因为 **听说深圳有不少外资公司和企业**，所以 **今年我就到深圳来了**。

- 我要一边学习一边工作，
- 深圳是一座年轻的城市，
- 我丈夫在深圳工作，

- 每天下午我要去上班。
- 有很多的年轻人。
- 我就跟他一起来了。

（2）在这里学习和 **工作**，我感到 **很满意**。

- 生活，
- 买东西，
- 唱歌，

- 很孤独（gūdú，lonely）。
- 很方便。
- 很不好意思。

（3）**在这里生活的人们** 来自 **全国各地**。

- 来这里学中文的学生
- 来我们公司工作的人
- 我们班的田中同学

- 许多不同的国家。
- 很多地方。
- 日本。

(4)

我	去年	从	北京	到	深圳	来。
他们	昨天		蛇口		深圳大学	
这辆汽车	刚刚		火车站		这儿	
田中	一个月前		日本		中国	

(5)

您在深圳生活	多长时间了？
他们来这儿投资	
张老师教汉语教	
去蛇口的船离开	

(6)

深圳的发展	真是	太快了！
今天的天气		好极了！
餐馆里的菜		太贵了！
老师的课		太好了！

(7)

从蛇口坐船去，	一个小时	就到了。
从宿舍走路来，	十五分钟	
从北京坐飞机来，	两个半小时	
从公司坐车去，	一刻钟	

(8)

深圳离香港那么近，多	方便	啊！
他每天学习八小时，	努力	
张老师讲的普通话，	标准	
这儿树绿花香，环境	优美	

4 组词成句

（1）的　环境　优美　城市　非常

____

（2）近　这里　离　香港　很

____

（3）的　老师　标准　很　普通话

____

（4）努力　学习　要　汉语　我

____

5 用指定的词语完成句子

（1）我已经学了半年汉语了，____________。（所以）

（2）深圳____________，天气太热了。（和……一样/不一样）

（3）我在这里有很多朋友，他们____________。（来自）

（4）____________，是真的吗？（听说）

（5）我每天走路上学，____________。（离）

（6）____________有不同的特点，你喜欢哪个城市？（各）

6 用指定的词语回答问题

（1）你为什么来深圳？（因为……所以……）

____

（2）你觉得深圳怎么样？（这儿）

____

（3）你周末打算去哪里？（从……到……）

____

（4）你到深圳多长时间了？（有）

____

六、阅读 Reading

一座年轻的城市

深圳这个地方以前叫宝安（Bǎo'ān）县（xiàn，county）。宝安在过去是一个大县，香港还曾是宝安县的一部分（bùfen，part）呢。

现在的深圳市是一座年轻的城市。它始建于1979年，开始时曾是经济（jīngjì，economic）特区（tèqū，special zone），已经有四十多年的历史。深圳原来有六个区：罗湖（Luóhú）区、福田（Fútián）区、南山（Nánshān）区、盐田（Yántián）区、宝安区和龙岗（Lónggǎng）区。后来又在宝安区里划出光明（Guāngmíng）新区，在龙岗区里划出坪山（Píngshān）新区。现在一共有八个区了。

深圳市是中国现代化发展的"窗口"（chuāngkǒu，window），所以吸引（xīyǐn，attract）了来自全国各地的人。可以说深圳是一个移民（yímín，immigrant）城市，因为有百分之九十多的深圳人都不是土生土长的本地人。

问题

（1）现在的宝安区面积大还是以前的宝安县面积大？

______

（2）深圳是一座历史古城吗？

______

（3）深圳的哪几个区是新划分出来的行政新区？

______

（4）深圳本地人多还是外地人多？

______

Lesson Two

第二课 这里的夏天有八个月

要点：
1. 有点儿
2. 并
3. 是……的
4. 又……又……
5. 形容词＋多了

一、生词 New Words and Expressions

字词音频

1	海滨	hǎibīn	名词 n.	seaside
2	温暖	wēnnuǎn	形容词 adj.	warm
3	明显	míngxiǎn	形容词 adj.	apparent
4	季节	jìjié	名词 n.	season
5	有点儿	yǒudiǎnr	副词 adv.	a bit
6	并	bìng	副词 adv.	（not）at all
7	夸张	kuāzhāng	形容词 adj.	exaggerate
8	日照	rìzhào	名词 n.	sunshine
9	潮湿	cháoshī	形容词 adj.	humid，moist
10	空气	kōngqì	名词 n.	air
11	傍晚	bàngwǎn	名词 n.	evening
12	场	chǎng	量词 mw.	a measure word for the duration of sth.
13	雷阵雨	léizhènyǔ	名词 n.	thunder shower
14	刚才	gāngcái	名词 n.	just now
15	伞	sǎn	名词 n.	umbrella
16	女士	nǚshì	名词 n.	lady
17	必备	bìbèi	名词 n.	necessary
18	台风	táifēng	名词 n.	typhoon
19	厉害	lìhai	形容词 adj.	fierce，severe
20	刮	guā	动词 v.	to blow
21	停	tíng	动词 v.	to stop
22	温度	wēndù	名词 n.	temperature
23	湿度	shīdù	名词 n.	humidity
24	干燥	gānzào	形容词 adj.	dry
25	凉爽	liángshuǎng	形容词 adj.	cool

专有名词 Proper Names

卡佳 Kǎjiā a Russian name

二、课文 Text

课文音频 课文拼音

这里的夏天有八个月

深圳是一座海滨城市。一年中，冬天短而温暖，春秋两季不太明显，夏天是这里最长的季节。不少人从四月开始已经换上了夏装，到了十一月，人们还觉得有点儿[1]热。有人说："这里的夏天有八个月。"这种说法并[2]不夸张。

夏天，白天日照比较强，而海风又给我们带来了潮湿的空气。到了傍晚，这儿常常会下一场雷阵雨。刚才还出着大太阳，一会儿又下起大雨了。所以，伞是这里的女士们出门必备的东西。

七八月以后，有时台风是很厉害的[3]，又刮大风又[4]下大雨。那时候，中小学会停课呢！

三、会话 Dialogues

1 在教室

张老师：卡佳，你来深圳已经一年了，你觉得这儿的气候怎么样？

卡　佳：这儿的冬天比我们国家暖和多了[5]。

张老师：深圳的夏天也更热吧？

卡　佳：温度和我们国家差不多，可是这儿的夏天太长了。

张老师：湿度也比较大。

卡　佳：对，太潮湿了。

会话1音频

2 在宿舍

田　中：我听说深圳没有春天和秋天，是吗？

小　王：不，春天和秋天都有一个多月吧。

田　中：在我们国家，春天和秋天是一年中最好的季节。

小　王：这儿的秋天干燥凉爽，也很舒服；春天就经常下小雨。

田　中：深圳的雨真不少啊！

小　王：我们的雨季从春天就开始了。

会话2音频

四、要点注释 Notes to the Text

1 有点儿

“有点儿”是副词，主要用在形容词和动词的前面，表示“稍微”的意思，一般用于不如意的事情。

“有点儿＋形容词”：

（1）昨天有点儿热。
（2）这个问题有点儿难。
（3）今年的雨季有点儿长。

“有点儿＋动词”：

（1）我很累，有点儿想睡觉。
（2）女儿有点儿后悔没买那件衣服。
（3）小王有点儿喜欢骂人。

“有点儿”后面常常跟着否定词“不”，构成“有点儿＋不＋形容词/动词”的结构。譬如：

（1）他今天有点儿不高兴了。（“有点儿＋不＋形容词”）
（2）今天天气有点儿不太好。（“有点儿＋不＋形容词”）
（3）刮大风了，大家有点儿不想去旅行了。（“有点儿＋不＋动词”）

“有点儿”可以单独用作回答。譬如：

（1）“你感到热吗？”——“有点儿。”
（2）“她是不是很担心自己的健康？”——“有点儿。”

2 并

副词“并”常常用在否定词“不、没（有）、无、非”的前面，加强否定的语气。譬如：

（1）深圳的冬天并不冷，太好了！
（2）他刚才说会来，可是并没来。
（3）这种药并无副作用，不用担心。
（4）同学们并非爱打牌，只是没事干。

3 是……的

“是……的”的句式常常用来加重语气，描写和说明主语。这种句式中的成分一般都是形容词或者动词，构成“主语＋是＋形容词/动词＋的”的句型。譬如：

（1）这里的春天是温暖的，秋天是凉爽的。（形容词）
（2）夏天，白天的日照是比较强的。（形容词）
（3）我想，下午是会下大雨的。（动词）
（4）每年七八月，这儿是一定刮台风的。（动词）

在“主语＋是＋形容词＋的”的句型里，形容词前面一般还有作修饰成分的副词或者形容词会重叠。譬如：

（1）田中的中文是很好的。
（2）这个地方的夏天是挺长的。
（3）孩子的脸是红红的。

口语中“主语+是+形容词+的”中的“是”常常可以省略。省略动词“是”以后，强调的意味也就不那么强了，全句只是一般的描绘或者说明。因此前面三句话也可以说成：

（1）田中的中文很好的。
（2）这个地方的夏天挺长的。
（3）孩子的脸红红的。

4 又……又……

副词“又”连用，构成“又……又……”的结构，表示动作、状态、性状等的累积。譬如：

（1）一班的同学晚上又唱歌又跳舞，高兴极了。（动作的累积）
（2）走了一天，大家又冷又饿，说不出话来。（状态的累积）
（3）这里的水果又大又便宜，我们都吃了很多。（性状的累积）

5 形容词+多了

“形容词+多了”用于比较，表示和以前相比，相差的程度大。譬如：

（1）卡佳的汉语比过去好多了。
（2）有了火车，深圳和香港之间的交通（比以前）方便多了。
（3）一年不见，你现在（比以前）胖多了。

“形容词＋多了”也可以说成“形容词＋得＋多了”。因此前面三句可以说成：

（1）卡佳的汉语比过去**好得多了**。
（2）有了火车，深圳和香港之间的交通（比以前）**方便得多了**。
（3）一年不见，你现在（比以前）**胖得多了**。

五、练习 Exercises

1 辨字、注音并组词（尽可能多组词语）

字	音	组词 1	组词 2	组词 3	组词 4
伞					
扇					

字	音	组词 1	组词 2	组词 3	组词 4
厉					
历					

字	音	组词 1	组词 2	组词 3	组词 4
湿					
温					

字	音	组词 1	组词 2	组词 3	组词 4
刮					
括					

字	音	组词 1	组词 2	组词 3	组词 4
燥					
澡					

字	音	组词 1	组词 2	组词 3	组词 4
凉					
冷					

2 划线连词

冬天	寒冷		台风	强烈
春天	温暖		空气	明显
秋天	多雨		四季	厉害
夏天	凉爽		日照	潮湿

3 替换练习

（1）你觉得 这儿的气候 怎么样？
- 那里的环境
- 海滨的空气
- 这间小学

（2）台风来的时候 又 刮大风 又 下大雨。

上课的时候大家	读书	写字。
他的女朋友	聪明	漂亮。
这里夏天的气候	闷热（mēnrè，sultry）	多雨。

（3）这儿的冬天 比 我们国家 暖和 多了。

香港的空气湿度	北京	大
今天的温度	昨天	高
四川菜	韩国菜	辣（là，spicy）

（4）我听说 这儿没有春天和秋天，是吗？
周末很多人去香港买东西，
这个区有很多四川菜馆，
这里的台风挺厉害的，

（5）	这句话	并不	夸张。
	这本书		贵。
	这道（dào）菜		辣。
	那个地方		好玩儿（hǎowánr，funny）。

（6）	台风	是	很厉害	的。
	你这样做		不对	
	这本书		送给你	
	这趟（tàng）车		去市区	

（7）	我们的雨季	从	春天	就开始了。
	中国学生学英语		小学	
	我儿子学写字		三岁	
	这家工厂的生产		去年	

（8）	秋天	干燥	而	凉爽。
	海滨的天气	温暖		多雨（duōyǔ，to rain a lot）。
	渔村的环境	优美		舒服（shūfu，comfortable）。
	她男朋友	高		瘦（shòu，thin）

4 组词成句

（1）温度　这里的　我国　和　夏天　差不多

______

（2）最　一　秋天　年　中　是　舒服　季节　的

______

（3）女士们　是　伞　出门　的东西　必备

______

（4）又　凉爽　的　天气　又　秋天　干燥

______

5 用指定的词语完成句子

（1）我中午没有吃饭，______。（有点儿）

（2）我最喜欢秋天的天气了，______。（又……又……）

（3）他很喜欢吃广东菜，______。（……多了）

（4）卡佳买了一件衣服，不能穿，______。（明显）

（5）笔是______。（必备）

（6）夏天的太阳像火炉（huǒlú，stove），______。（夸张）

6 用指定的词语回答问题

（1）你觉得这儿的天气怎么样？（又……又……）

______

（2）说说你的国家的气候。（……多了）

______

（3）你喜欢晒（shài，to shine）太阳吗？（是……的）

____

（4）你每天关心天气预报（yùbào，prediction）吗？（比……更……）

____

六、阅读 Reading

天气预报两则

今日天气预报

白天：阴天

夜间：阴转雨　有雷阵雨

温度：最高28℃　最低25℃

风向：东南

风力：4～5级，沿海（yánhǎi，coastal）地区可达7～8级

121电话天气查询（cháxún，to inquire about）热线（rèxiàn，hot-line）

你好！欢迎拨打（bōdǎ，to dial）121天气预报查询热线。

今天是9月16日，白天到夜间：我市阴天，偏（piān，slanting）东风2～3级，早晨最低气温24℃，白天最高气温29℃，相对湿度75%～95 %。

9月17日，多云间（jiàn，checkered with）阴，有阵雨（zhènyǔ，shower），气温25℃～30℃。

问题

（1）白天可以晒衣服吗？会下雨吗？

（2）今天天气冷吗？穿短袖可以吗？

（3）想知道天气情况应该拨打什么电话号码？

（4）今天气温高还是明天气温高？明天是晴天吗？

Lesson Three

第三课 深圳的交通非常便利

要点：
1. 除了……还……
2. 连……也……
3. “前面有下”
4. 挺

一、生词 New Words and Expressions

字词音频

1	便利	biànlì	形容词 adj.	convenient
2	工具	gōngjù	名词 n.	tool
3	除了	chúle	介词 prep.	besides, except
4	的士	díshì	名词 n.	taxi
5	中巴	zhōngbā	名词 n.	mini-bus
6	出行	chūxíng	动词 v.	go on a journey
7	主要	zhǔyào	形容词 adj.	main
8	选择	xuǎnzé	动词 v.	to select; to choose
9	空调	kōngtiáo	名词 n.	air-conditioner
10	连……也……	lián……yě……	词组 wg.	even
11	闭路	bìlù	名词 n.	closed-circuit
12	行走	xíngzǒu	动词 v.	to go
13	道路	dàolù	名词 n.	path, road
14	市民	shìmín	名词 n.	city resident, citizen
15	提供	tígōng	动词 v.	to provide
16	填	tián	动词 v.	to fill
17	修建	xiūjiàn	动词 v.	to build
18	高速	gāosù	形容词 adj.	high-speed
19	市区	shìqū	名词 n.	urban district
20	地铁	dìtiě	名词 n.	subway, metro
21	投币	tóubì	动词 v.	to insert coins, to put in a coin
22	零钱	língqián	名词 n.	small change
23	别的	biéde	代词 pron.	other
24	乘客	chéngkè	名词 n.	passenger
25	挺	tǐng	副词 adv.	very, rather

专有名词 Proper Names

1	北环大道	Běihuán Dàdào	Beihuan Boulevard
2	深南大道	Shēnnán Dàdào	Shennan Boulevard
3	滨海大道	Bīnhǎi Dàdào	Binhai Boulevard
4	乔治	Qiáozhì	George
5	广深高速公路	Guǎng-Shēn Gāosù Gōnglù	Guangzhou-Shenzhen Expressway

二、课文 Text

课文音频　课文拼音

深圳的交通非常便利

深圳的交通非常便利。在这儿各种交通工具都有，除了公共汽车、的士，还[1]有中巴。

公共汽车是人们出行的主要选择。大部分汽车都装有空调，有的汽车连闭路电视也[2]装上了。中巴是小公共汽车，一共有24个座位，主要行走在大公共汽车不走的道路上。它们给市民提供了很多方便。

深圳东西方向的主要道路有北环大道、深南大道和滨海大道。滨海大道是填海修建的高速公路。坐的士从蛇口出发，走滨海大道到市区，只要半个小时左右。

深圳2004年后修建了很多条地铁，交通也越来越方便。

三、会话 Dialogues

1 在中巴上

会话1音频

司　机：请投币。

田　中：请问，去火车站多少钱？

司　机：六块。

田　中：我没有零钱，只有十块。

司　机：你一会儿从别的乘客那儿收回四块吧。

……

田　中：前面有下[3]。

2 在宿舍

会话2音频

乔　治：小王，我想去广州，怎么走最方便？

小　王：坐火车、汽车都很方便。

乔　治：哪种更快些？

小　王：坐高铁30分钟就到了。

乔　治：可是，从这儿到火车站还挺[4]远的呢。

小　王：那就坐汽车吧，走广深高速公路，一个半小时也到了。

四、要点注释 Notes to the Text

1 除了……还……

介词“除了”表示“不计算在内”，一般用在开头。后面可以和“还、都”等副词搭配连用，组成“除了……还……”“除了……都……”的格式。譬如：

（1）除了一本英汉词典，我还有汉英词典。
（2）除了广州，我们还去过北京、上海和桂林。
（3）今天除了的士，所有的交通工具大家都坐过了。
（4）在中国，除了拉萨（Lāsà），所有的大城市田中都去过了。

书面语中，在“除了……”后面通常加上“外、以外、之外”等词，组成“除了……外”“除了……以外”“除了……之外”的格式。譬如：

（1）除了一本英汉词典外，我还有汉英词典。
（2）除了广州以外，我们还去过北京、上海和桂林。
（3）今天除了的士之外，所有的交通工具大家都坐过了。
（4）在中国，除了拉萨之外，所有的大城市田中都去过了。

2 连……也……

副词“连”经常和“也、都、还”等词连用，组成“连……也……”“连……都……”“连……还……”的格式，强调“连”后面连接的成分。譬如：

（1）主人连饭也做好了，就等我们去。
（2）这座城市连地铁也没有。
（3）昨天我饿的时候，连爸爸的面包都吃了。
（4）你怎么连这么简单的话都不会说。
（5）他们连饭还（也、都）没吃完就走了。
（6）弟弟早上起来很晚，连脸还（也、都）没洗就出门了。

3 “前面有下”

“前面有下”的意思是“我要在前面下车”。

这是在珠江三角洲地区乘坐中巴时通行的一句乘客用语。当中巴行驶到某站的前方或者在一些偏远地方的某处前，乘客在向司机或者售票员示意自己想下车，请求停车时说。

这句话不是规范的普通话用语。

4 挺

“挺”是副词，意思和“很”相当，但程度稍低一点儿。用于口语。“挺”后面跟形容词或者动词。后面还常常带语气词“的”。譬如：

（1）坐高速火车去广州挺方便的。
（2）深圳的的士挺贵的，全国最贵。
（3）大家都挺喜欢走滨海大道，因为道路两边的风景很漂亮。
（4）市民都挺希望地铁早一点建成，那就方便多了。
（5）他挺能吃饭的，三碗还不够。

五、练习 Exercises

1 辨字、注音并组词（尽可能多组词语）

字	音	组词 1	组词 2	组词 3	组词 4
乘					
乖					

字	音	组词 1	组词 2	组词 3	组词 4
闭					
闲					

字	音	组词 1	组词 2	组词 3	组词 4
提					
捉					

字	音	组词 1	组词 2	组词 3	组词 4
修					
便					

字	音	组词 1	组词 2	组词 3	组词 4
零					
灵					

字	音	组词 1	组词 2	组词 3	组词 4
挺					
择					

2 划线连词

投资	零钱		交通	道路
修建	方便		闭路	工具
找换	企业		投币	电话
提供	地铁		高速	电视

3 替换练习

（1）我想	去广州，	怎么	走	最	方便？
	学写汉字，		学		正确？
	去蛇口，		去		快？
	投资，		做		好？

（2）	坐汽车，坐火车，	哪	种	更	快些？
	西安和桂林		个		好玩？
	小张和小王		个		聪明（cōngmíng，clever）？
	这两件衣服		件		漂亮？

（3）	这里的交通工具	除了	公共汽车、的士，	还有	中巴。
	中国的长假期		“五一”，		“十一”。
	海滨城市		上海、厦门，		深圳。
	深圳东西的大道		北环大道、深南大道，		滨海大道。

(4)	有的汽车	连	闭路电视	也	装上了。
	现在的上海		地铁线		有三条了。
	刚来中国时我		一句话		听不懂。
	他忙了一天		一口水		没有喝。

(5)	这里的交通	会越来越	方便。
	你的汉语		流利。
	人们的生活水平		高。
	火车的速度		快。

(6)	中巴	给	市民	提供了	很多方便。
	学校		学生		很多帮助。
	公司		员工		很多福利（fúlì，welfare）。
	深圳		我们		良好的投资环境。

(7)	我	没有	零钱，	只有	十块。
	我身上		人民币		美元。
	我住的地方		公共汽车		中巴。
	现在		十点的票		十二点的票。

4 组词成句

（1）我　连　也　一　以前　句　不　会　说　汉语

____

（2）公共　人们　是　出行　选择　的　主要　汽车

____

（3）地铁　城市　这个　的　了　交通　越来越　方便　有

____

（4）左右　高速　走　到　广州　公路　要　一　半　小时　个

____

5 用指定的词语完成句子

（1）办护照（hùzhào，passport），________________。（除了……还要……）

（2）这儿的交通发展实在太快了，________________。（连……也……）

（3）我坐车没有零钱，司机说________________。（从）

（4）我们想把学校________________。（建成）

6 用指定的词语完成对话

（1）A：我每天上班坐车要差不多一个小时。（挺）

B：________________

（2）A：坐高速火车到广州50分钟就到了。（挺）

B：________________

（3）A：你在这儿坐过哪些交通工具？（除了……还有……）

B：________________

（4）A：我每天一边学习汉语一边工作。（除了……还要……太……）

B：________________

（5）A：你在自己的国家上学或者上班常用什么交通工具？（主要选择）

B：________________

（6）A：你觉得上海的交通方便吗？（相信、地铁）

B：________________

六、阅读 Reading

深圳的交通

过去深圳的交通很不方便。在20世纪80年代，从蛇口坐车到深圳市区要三个多小时，从深圳坐车到广州要七八个小时。

今天深圳的海（hǎi，by sea）、陆（lù，by land）、空（kōng，by air）交通十分便利。现在，走广深高速公路从深圳到广州只要一个多小时就到了。

另外，在蛇口可以坐船直接到香港和澳门。到珠海经济特区的船每半小时就有一趟，十分方便。

深圳机场（jīchǎng，airport）于1991年建成（jiànchéng，to complete）。它为人们的出行提供了极大的方便，深圳市民现在可以从深圳乘飞机到全国大多数城市和世界很多地方。

问题

（1）在20世纪80年代，从蛇口坐车到深圳市区要多少小时？

____

（2）现在，广州和深圳之间有高速公路了吗？从深圳去广州要多长时间？

____

（3）从蛇口坐船去珠海，多少时间就有一班（bān，shift）船？

____

（4）从深圳可以坐飞机到哈尔滨吗？香港呢？

____

Lesson Four

第四课 卡佳住在海滨花园

要点：

1. 不但……而且……
2. 可……了
3. 每当
4. 房
5. 可以
6. 另外

一、生词 New Words and Expressions

字词音频

1	附近	fùjìn	名词 n.	nearby
2	租	zū	动词 v.	to rent
3	不但……而且……	bùdàn……érqiě……	词组 wg.	not only...but also...
4	清洁	qīngjié	形容词 adj.	clean
5	小区	xiǎoqū	名词 n.	housing estate
6	内	nèi	名词 n.	inside
7	游乐场	yóulèchǎng	名词 n.	pleasure ground, playground
8	草地	cǎodì	名词 n.	grassland, lawn
9	聊天儿	liáotiānr	动词 v.	to chat
10	滑梯	huátī	名词 n.	children's slide
11	荡	dàng	动词 v.	have a swing
12	秋千	qiūqiān	名词 n.	swing (a seat for swinging)
13	管理处	guǎnlǐchù	名词 n.	management office
14	举办	jǔbàn	动词 v.	to hold
15	晚会	wǎnhuì	名词 n.	evening party
16	民歌	míngē	名词 n.	folk song
17	受	shòu	动词 v.	to receive
18	观众	guānzhòng	名词 n.	audience
19	热烈	rèliè	形容词 adj.	warm
20	厅	tīng	名词 n.	living room
21	登记表	dēngjìbiǎo	名词 n.	registration form
22	另外	lìngwài	连词 con.	besides, in adding
23	护照	hùzhào	名词 n.	passport
24	复印件	fùyìnjiàn	名词 n.	copy
25	齐全	qíquán	形容词 adj.	complete
26	房租	fángzū	名词 n.	rent (for a house, flat, etc.)
27	美元	měiyuán	名词 n.	US dollar

专有名词 Proper Names

1	俄罗斯	Éluósī	Russia
2	海滨花园	Hǎibīn Huāyuán	Haibin Huayuan, the name of a residential quarter

二、课文 Text

课文音频　课文拼音

卡佳住在海滨花园

卡佳去年十月从俄罗斯来到深圳。她和朋友在学校附近的海滨花园租了一套房子住。这样，她不但去学校很方便，而且[1]也可以更好地了解深圳人的生活。

海滨花园环境优美、清洁，小区内种着各种花草树木，还有孩子们的游乐场。晚饭后，大人们在草地上聊天儿，孩子们玩滑梯、荡秋千，玩得可高兴了[2]。

每当[3]节假日，小区的管理处还会为大家举办各种活动。在上次的晚会上，卡佳唱了一首俄罗斯民歌，她和朋友跳了俄罗斯舞蹈，受到观众们的热烈欢迎。

三、会话 Dialogues

1 在海滨花园管理处

会话1音频

卡　佳：小姐，我想在这儿租房子。

李小姐：您想租什么样的房子？

卡　佳：两房[4]两厅的，有吗？

李小姐：有，每月1 500元的，可以[5]吗？

卡　佳：可以。

李小姐：那么，请您填一下登记表。另外[6]，请交您的护照复印件。

2 在路上

会话2音频

小　张：田中，你住在哪儿？

田　中：我住在留学生宿舍。

小　张：那儿的条件怎么样？

田　中：不错，宿舍是新建的，各种设施都很齐全。

小　张：房租贵吗？

田　中：还可以，一天5美元。

四、要点注释 Notes to the Text

1 不但……而且……

词组“不但……而且……”用在表示递进关系的复句中，一般“不但”用在第一分句，“而且”用在第二分句。表示除了所说的第一层的意思外，还有进一层的意思。譬如：

（1）卡佳不但学中文，而且还学英文。
（2）海滨花园不但离学校很近，而且房租也不贵。
（3）坐地铁不但价钱便宜，而且很方便。

当两个分句的主语相同时，“不但”放在主语的后面，比如上面三个例句。当主语不同时，“不但”多放在主语的前面。譬如：

（1）不但田中，而且卡佳都喜欢中国文学。
（2）不但学校的宿舍是新的，而且游乐场也是新建的。
（3）不但大人们聊得高兴，而且孩子们也玩儿得高兴。

在口语中，如果两个分句的主语相同，“不但”往往可以省略。譬如：例句（1）~（3）可以说成：

（1）卡佳学中文，而且还学英文。
（2）海滨花园离学校很近，而且房租也不贵。
（3）坐地铁价钱便宜，而且很方便。

2 可……了

“可”除了用作能愿助词，表示“可以”“值得”的意思外，还常常用在口语中，和语气助词“了、啦”等连用，组成“可……了”“可……啦”的句式，表示感叹的语气。譬如：

（1）深圳的投资环境**可**好**了**！
（2）去那儿有公共汽车，有地铁，还有的士，交通**可**方便**了**！
（3）我们**可**喜欢学习中文**啦**！
（4）三年级学生的舞蹈跳得**可**好**啦**！

3 每当

“每当”一般用在句首，用作指示有规律性出现的时间、时机。后面可以接词或者词组。“每当”有时还和“时（候）”连用，构成“每当……时（候）”的句式。譬如：

（1）**每当**春节，大家都会互相祝贺新年快乐。
（2）**每当**夏季，田中一家人就到海滨游泳、游玩。
（3）**每当**说起在深圳大学学汉语的日子时，留学生们都很高兴。
（4）**每当**下班的时候，她的男朋友就会来公司接她。

4 房

在普通话里“房”的意思是“整座建筑物”，通常说“房子”或者“房屋”，或者“瓦房、楼房、平房”。所用量词是“所”“栋”“座”；而房子里的房间，口语里说的是“屋子”。譬如：“这所房子有三间屋子。”

但是在粤语里，“房”指的是“房间”，“屋”却是整座建筑物，因此，粤方言区所说的“三房一厅”，普通话的规范说法是“三室一厅”，即“三个卧室一个客厅”。

5 可以

“可以”有几种不同的用法和意义。具体如下：

（1）表示能够或者可能。例如：

1）这间屋子可以住三个人。
2）你明天可以坐公共汽车来，不用打的士。
3）下午可以他一个人去，也可以大家一起去。

（2）表示许可。例如：

1）我现在可以走了吗？
2）现在你们都可以进去了。
3）我能借用一下你的电话吗？——可以。

（3）表示值得。例如：

1）这间屋子还可以住住。
2）那本书倒可以看看。
3）海滨公园真可以玩儿一下。

（4）表示还好，不坏；过得去；很好。例如：

1）她的汉语还可以。
2）你做的菜真是可以啊！
3）他写文章还可以，说得不行。

（5）表示赞叹程度相当高。例如：

1）今天热得真**可以**啊！

2）你现在真是高得**可以**。

6 另外

“另外”用于指上文所说的范围以外的人或者事物。常常和“还、再、又”等副词连用。它的具体用法如下：

（1）用作连词，连接词组。譬如：

1）大家在晚会上唱了三首歌曲，**另外**还跳了一个舞。

2）我在电话里已经跟他说了，**另外**又写了一封信给他。

（2）用作连词，连接句子，后面常用逗号。譬如：

1）王芳毕业以后已经工作三年了。**另外**，她还是一个孩子的妈妈。每天很忙。

2）你到了深圳一定要去深大学汉语。**另外**，不要忘了去看看我的老师——李福明。

（3）用作副词，放在主语之后，谓语动词之前。譬如：

1）爸爸给了我五百元买衣服，又**另外**给了三百元买书和笔。

2）你今天先和他们住在一块儿，我明天再**另外**找一个地方给你住。

（4）用作指示代词，一般后面加“的”。譬如：

1）这是**另外**的一个问题，不是我说的那个。

2）只有这间房子还没有人住，**另外**的几间都有人了。

五、练习 Exercises

1 辨字、注音并组词（尽可能多组词语）

字	音	组词 1	组词 2	组词 3	组词 4
附					
府					

字	音	组词 1	组词 2	组词 3	组词 4
租					
祖					

字	音	组词 1	组词 2	组词 3	组词 4
清					
情					

字	音	组词 1	组词 2	组词 3	组词 4
热					
势					

字	音	组词 1	组词 2	组词 3	组词 4
登					
橙					

字	音	组词 1	组词 2	组词 3	组词 4
观					
劝					

2 给下列动词加上宾语

例子：修建（一条）铁路

（一座）大桥

（一条）高速公路

（1）租 ________　　（2）受 ________　　（3）举办 ________

________　　________　　________

________　　________　　________

3 替换练习

（1）住在这里 不但 去学校方便，而且 可以了解市民的生活。

- 在大学 / 学汉语方便 / 能交到大学生朋友。
- 来中国 / 学到中文 / 学会做中国菜。
- 租学生宿舍 / 价钱不贵 / 设施齐全。

（2）孩子们玩儿得 可 高兴 了。

- 宿舍区里的设施建得 / 齐全
- 那儿的花草树木种得 / 漂亮
- 这儿的房子卖得 / 便宜

（3）海滨花园里有小花园， 还有 孩子们的游乐场。

- 这个地方有很多中国公司， / 不少外国投资企业。
- 我们学校里有两个图书馆， / 一家电影院（diànyǐngyuàn，cinema）。
- 卡佳租的房子里有卧室、厕所， / 厨房（chúfáng，kitchen）。

（4）每当 | 节假日， | 管理处 就会 | 为大家举办活动。
- 长假期， | 全家 | 出门旅游。
- 听到音乐， | 他们 | 一起跳舞。
- 同学生日， | 大家 | 开生日晚会。

（5）| 卡佳的舞蹈 受到 | 观众的热烈欢迎。
- 这个地方的设施 | 大学生们的欢迎。
- 乔治做的菜 | 大家的赞赏（zànshǎng，admiration）。
- 他学习不认真 | 老师的批评（pīpíng，to criticize）。

（6）你想 | 租 什么样的 | 房子？
- 买 | 衣服？
- 读 | 书？
- 坐 | 车？

（7）| 每月房租1500元，可以吗？
- 住留学生宿舍，
- 租两房两厅的，
- 到草地上去聊天儿，

（8）| 请填登记表， 另外，| 交您的护照复印件。
- 请交下个月的房租， | 还有这个月的电话费（fèi，fee）。
- 我买了一套（tào，suite）房子， | 还买了一辆车。
- 我在大学学习汉语， | 还教中学英语。

4 组词成句

（1）我　两　了　套　租　一　两　厅　的　房　房子

____

（2）宿舍　的　留学生　各　设施　种　齐全　很

____

（3）住　这儿　更　可以　在　地　的　好　生活　了解　市民

____

（4）一下　登记表　请　住宿　填　您

____

5 用指定的词语完成句子

（1）他很喜欢跳舞，______________________________。（每当）

（2）______________________________我都想起我妈妈。（每当）

（3）小区的管理处每当节假日就会______________________________。（举办）

（4）1 500元只是房租，______________________________。（另外）

（5）在大学学汉语，______________________________。（不但……而且……）

（6）乔治的歌唱得很好，______________________________。（受到）

6 用指定的词语回答问题

（1）卡佳为什么在学校附近租房子？（不但……而且……）

____

（2）你住的地方环境怎么样？（可……了）

____

（3）你最想住多大的房子？（房/室、厅）

____

（4）过节的时候你会想家里的人吗？（每当）

____

六、阅读 Reading

深圳的住房

在深圳，你可以看到各种各样漂亮的住房（zhùfáng，lodgings）。你知道它们的不同（bùtóng，difference）吗？

第一种叫“福利房”，这是政府（zhèngfǔ，government）盖（gài，to build）的只卖给国家工作人员（rényuán，personnel）的房子。价钱比较便宜。

第二种叫“商品（shāngpǐn，commodity）房”，谁都能买。但是价钱比较贵，贵的八万多块钱一平方米（píngfāngmǐ，square meter）呢。

第三种是本地农民的房子，是他们用自己的钱盖的。很多住房比政府盖的大得多，因为这里很多农民都很有钱。

深圳人现在住得很舒服。你知道吗？2000年，深圳市还获得（huòdé，to acquire）了“国际花园城市”称号（chēnghào，designation）呢！

问题

（1）在深圳什么样的住房价格比较便宜？

（2）现在深圳的商品房最贵的多少钱一平方米？

（3）为什么说这里的农民很有钱？

Lesson Five

第五课 吃在深圳

要点：
1 在……上
2 可能补语（一）：“动词+得/不+补语”
3 对……来说
4 酒楼
5 概数
6 大牌档（大排档）

一、生词 New Words and Expressions

字词音频

1	菜系	càixì	名词 n.	cuisine
2	菜肴	càiyáo	名词 n.	cooked dishes
3	比如	bǐrú	动词 v.	for instance
4	风味	fēngwèi	名词 n.	flavour
5	餐厅	cāntīng	名词 n.	restaurant
6	美式	měishì	形容词 adj.	American style
7	快餐	kuàicān	名词 n.	fast food
8	普遍	pǔbiàn	形容词 adj.	common, general
9	如此	rúcǐ	代词 pron.	such
10	丰富	fēngfù	形容词 adj.	rich
11	佳肴	jiāyáo	名词 n.	delicacies
12	吸引力	xīyǐnlì	名词 n.	attraction
13	酒楼	jiǔlóu	名词 n.	restaurant
14	早茶	zǎochá	名词 n.	morning tea
15	五花八门	wǔhuābāmén	名词 n.	myriad, a wide variety
16	点心	diǎnxin	名词 n.	dim sim, dessert, light refreshments
17	味道	wèidào	名词 n.	taste
18	可口	kěkǒu	形容词 adj.	tasty
19	知己	zhījǐ	名词 n.	intimate friend
20	大牌档	dàpáidàng	名词 n.	snack stall
21	夜宵	yèxiāo	名词 n.	midnight snack
22	发现	fāxiàn	动词 v.	to discover
23	再说	zàishuō	连词 con.	what's more
24	笼	lóng	量词 mw.	cage (a measure word)
25	虾饺	xiājiǎo	名词 n.	dumpling with shrimp as filling
26	聚餐	jùcān	动词 v.	to dine together

专有名词 Proper Names

1	东京	Dōngjīng	Tokyo
2	广东	Guǎngdōng	Guangdong, the name of a province
3	四川	Sìchuān	Sichuan, the name of a province
4	上海	Shànghǎi	Shanghai
5	韩国	Hánguó	Korea
6	印度尼西亚	Yìndùníxīyà	Indonesia
7	泰国	Tàiguó	Thailand
8	铁观音	Tiěguānyīn	Tieguanyin, the name of a kind of tea
9	琳达	Líndá	Linda

二、课文 Text

课文音频　课文拼音

吃在深圳

我从东京来到深圳以后，在生活上[1]感到最满意的方面是：吃。中国不同菜系的菜肴，在深圳都能吃得到[2]，比如：著名的广东菜、四川菜、北京菜和上海菜等。另外，各国的风味餐厅也很多，有日本的，韩国的，印度尼西亚的，泰国的……美式快餐更是普遍。如此丰富的各地佳肴，对喜欢吃的我来说[3]，真是太有吸引力了！

周末的早晨，我常常跟一些中国朋友一起去酒楼[4]喝早茶，五花八门的点心，味道十分可口；夜晚，我和两三[5]个知己到大牌档[6]吃夜宵。所以，最近我发现自己越来越胖了。

三、会话 Dialogues

1 在酒楼喝早茶

会话1音频

田　中：啊，好多人啊！

小　王：这儿大部分人有喝早茶的习惯，再说，今天又是星期天，人更多。田中，你喝什么茶？

田　中：铁观音吧。小车里的那些东西是什么？

小　王：是一笼一笼的点心。你想吃什么？

田　中：听说虾饺很有名。

小　王：那就试试吧。小姐，请来笼虾饺。

2 在教室

会话2音频

琳　达：张老师，今天是我的生日。

张老师：琳达，祝你生日快乐！

琳　达：谢谢。今晚同学们都到我家来，请您也来吧。

张老师：是开晚会吗？

琳　达：不，是聚餐。每个同学做一个自己国家的菜，带到我家来，大家一起吃。

张老师：太有意思了。我一定去。

四、要点注释 Notes to the Text

1 在……上

"上"是一个方位词。它经常和介词"在"组成"在……上"的结构。"在……上"表示的意义有以下几种：

（1）表示在某样东西的上面。譬如：

1）你的词典在桌子上。
2）不要躺在床上看书。
3）在大门上有个大大的"福"字。

（2）表示在某个方面。譬如：

1）在工作上，他一直很努力，成绩很大。
2）在学习上，我们都有不少的困难，但是我们不怕。
3）在这个问题上，大家的看法不一样。

2 可能补语（一）："动词＋得/不＋补语"

汉语中"得"和"不"可以加在"动词＋补语"的结构中，构成"动词＋得＋补语"以及"动词＋不＋补语"的结构，分别表示动作可能或者不可能做到。

（1）"动词＋得＋补语"，表示动作能完成并获得成功。譬如：

1）你的来信我三天内收得到。
2）你的发音很清楚，大家都听得懂。
3）老师的字很大，我们都看得见。

（2）“动词＋不＋补语”，表示动作不能完成或者不可能成功。譬如：

1）你的话，我做不到。
2）你讲得太快，我听不懂。
3）黑板上的字太小，有的看不见。

3 对……来说

“对……来说”表示从某人的角度看问题。譬如：

（1）对我来说，学汉语很容易；可是对他来说，学汉语很难。
（2）对俄罗斯留学生来说，深圳夏天的天气可能是太热了。
（3）对很多观众来说，今天的晚会太有意思了。

4 酒楼

在中国南方珠江三角洲粤语区，“酒楼”的意思和普通话的“饭店、饭馆”相同，但主要是供应饭菜等。能提供住宿的一般叫作“酒店”。这种南北方语言在词汇和词义方面的差异，很值得注意。

5 概数

中文里表示概数的方法很多，其中，把相邻的数字放在一起就是一种常见的表示法。譬如：

（1）我来深圳三四个月了。
（2）每年六七月正是吃荔枝的好时候。
（3）他学中文已经十八九年了，当然讲得不错啰！

6 大牌档（大排档）

有的词语，南北方完全不同。“大牌档”这个词语原来是粤语词，现在普通话里也用，普通话相应的词语叫作“饮食摊儿”。

五、练习 Exercises

1 辨字、注音并组词（尽可能多组词语）

字	音	组词1	组词2	组词3	组词4
肴					
希					

字	音	组词1	组词2	组词3	组词4
宵					
消					

字	音	组词1	组词2	组词3	组词4
笼					
笑					

字	音	组词1	组词2	组词3	组词4
味					
吸					

字	音	组词1	组词2	组词3	组词4
饺					
饭					

字	音	组词1	组词2	组词3	组词4
聚					
娶					

2 划线连词

味道	丰富
品种	优美
环境	齐全
设施	可口

美味	点心
美式	快餐
有名	餐厅
风味	佳肴

3 替换练习

（1）我在 **生活** 上感到最 **满意的** 方面是：**吃**。

学习	高兴的	老师很好。
住房	不满意的	房租太贵。
工作	不习惯的	变化太快。

（2）**中国不同的菜肴** 他都能 **吃** 得 **到**。

各国的电影	看	到。
美国的英语	听	懂。
做中国菜	学	会。

（3）对 **喜欢吃的我** 来说，**广东菜** 真是 **太有吸引力了**。

英国人	汉字	太困难了。
很多广东人	早茶	太有意思了。
卡佳	虾饺	太好吃了。

（4）各国的风味餐厅很多，有日本的，韩国的，泰国的……
- 公司的员工很多，
- 中国的茶叶很多，
- 今晚的朋友很多，

- 广东人，四川人，湖南人……
- 红茶、绿茶、花茶（huāchá，flower tea）……
- 老师、同学、亲戚（qīnqi，relative）……

（5）最近，我发现自己越来越胖了。
- 学汉语
- 这里的点心
- 广东的早茶

- 容易（róngyì，easy）
- 贵
- 好吃

（6）琳达，我祝你生日快乐。
- 田中，
- 卡佳，
- 乔治，

- 学习进步（jìnbù，make progress）。
- 身体健康（jiànkāng，healthy）。
- 天天快乐。

（7）这儿大部分人有喝早茶的习惯（xíguàn，habit）。
- 这里的工人
- 留学生们
- 每个星期我们

- 吃夜宵
- 开生日晚会
- 聚餐

（8）这一笼一笼的点心，你想吃什么？
- 一种一种
- 一首一首
- 一种一种

- 菜肴，
- 民歌，
- 活动，

- 来
- 听
- 看

4 组词成句

（1）美味　在　你　能　得　吃　到　各　的　佳肴　这里　地

____

（2）难　我　来　对　了　说　太　汉语

____

（3）大部分　人　早茶　广东　有　的　喝　习惯

____

（4）老师　到　家　今晚　张　聚餐　我们

____

5 用指定的词语完成句子

（1）汉语本来就不容易学，____________。（再说）

（2）中国各地菜肴丰富，____________。（再说）

（3）今天的展览会真有意思，____________。（五花八门）

（4）我从来没见过____________。（如此）

（5）深圳是一座年轻的城市，____________。（吸引力）

（6）我吃过很多有名的菜，____________。（比如）

（7）在那儿能吃到的不同菜系的佳肴很多，____________。（有）

（8）____________，这儿的投资环境很不错。（对……来说）

6 用指定的词语填空

词语：酒楼、大牌档、夜宵、五花八门、酒店、餐厅、宵夜、三五知己

在广东，普通话已经很通行，可是当地人说的普通话里还有一些粤语（Yuèyǔ，the Yue dialects）的词语。

比如，__________在这儿大多是吃饭的地方，虽然价格有点贵，但是环境好一点；如果你想住下来，那就要去找__________。平时如果你只是想随便吃点东西，那就去__________，那里大都是些当地（dāngdì，local）菜肴，价格比较便宜，只是环境一般。在北方，这叫“饮食摊儿”。

广东人喜欢晚上和________一起去吃东西、聊天，那叫作吃______，而北方人说吃__________。那时候吃的东西更是__________，喜欢吃什么都有。

六、阅读 Reading

下沙“大盘菜”

深圳市福田区有个下沙（Xiàshā）村。那里的“大盆（pén，dish）菜”很出名。

每年的中国传统节日——元宵节（Yuánxiāo Jié，the Lantern Festival）时，一村人或者同姓的人大家一起吃，最多的一次，来了6万人一起吃了3 800桌呢。

做这道菜很不容易，要把鸡、鸭、鱼、肉、牡蛎（mǔlì，oyster）、鱿鱼（yóuyú，squid）、豆腐（dòufu，bean curd）、萝卜（luóbo，turnip）等十二种食物烧（shāo，to cook）好后，放在一个大盆里给大家吃。所以叫“大盆菜”。

这道菜据说有几百年的历史了，连皇帝吃过后也觉得美味极了。

问题

（1）“大盆菜”是哪儿的有名菜肴？

____

（2）“大盆菜”是什么时候才有得吃？

____

（3）做“大盆菜”要有多少种食物？

____

（4）吃“大盆菜”最多的一次来了多少人？吃了多少桌呢？

____

Lesson Six

第六课 荔枝熟了的时候

要点：
1. ……之一
2. 前后
3. 如果……就……
4. 疑问代词表示任指
5. 临

一、生词 New Words and Expressions

字词音频

1	荔枝	lìzhī	名词 n.	litchi
2	清香	qīngxiāng	形容词 adj.	delicate smell
3	甜美	tiánměi	形容词 adj.	sweet
4	水果	shuǐguǒ	名词 n.	fruit
5	……之一	……zhīyī	词组 wg.	one of…
6	盛产	shèngchǎn	动词 v.	abound in
7	出名	chūmíng	形容词 adj.	famous
8	熟	shú	形容词 adj.	ripe
9	如果……就……	rúguǒ……jiù……	连词 con.	if…then…
10	经过	jīngguò	动词 v.	to pass
11	挂	guà	动词 v.	to hung
12	果实	guǒshí	名词 n.	fruits, gains
13	庆祝	qìngzhù	动词 v.	to celebrate
14	团	tuán	名词 n.	group
15	游客	yóukè	名词 n.	tourist
16	摘	zhāi	动词 v.	to pick
17	临	lín	介词 prep.	just before
18	到处	dàochù	名词 n.	at all place
19	果农	guǒnóng	名词 n.	orchard worker
20	街	jiē	名词 n.	street
21	摆	bǎi	动词 v.	to put
22	摊子	tānzi	名词 n.	stall
23	新鲜	xīnxiān	形容词 adj.	fresh, new
24	价钱	jiàqián	名词 n.	price
25	品种	pǐnzhǒng	名词 n.	variety
26	核儿	húr	名词 n.	pit
27	上火	shànghuǒ	动词 v.	to suffer from excessive internal heat
28	燥热	zàorè	形容词 adj.	hot and dry
29	喉咙	hóulóng	名词 n.	throat

专有名词 Proper Names

1	南头	Nántóu	Nantou, the name of a town
2	糯米糍	Nuòmǐcí	Nuomici, the name of a kind of litchi

二、课文 Text

课文音频　课文拼音

荔枝熟了的时候

荔枝味道清香、甜美，是中国南方最著名的水果之一[1]。

深圳盛产荔枝，而南头的荔枝又是最出名的。每年六月前后[2]，荔枝开始熟了。如果你经过荔枝园，就[3]能看到荔枝树上挂满了许多红红的果实。

每年六月底深圳都庆祝“荔枝节”，那时候总会有不少“荔枝团”来这儿。游客们在荔枝林里，边摘边吃，吃多少[4]都行；临[5]走时，每人还能带二三十斤回去呢！

“荔枝节”前后，深圳到处都是卖荔枝的。除了水果店卖，果农们还在街上摆摊子卖。他们的荔枝一早刚从树上摘下来，非常新鲜，价钱也特别便宜。

三、会话 Dialogues

1 在商店

会话1音频

田　中：这些都是荔枝，怎么价钱不一样？

小　王：荔枝有很多品种，味道不一样。

田　中：这种八块一斤，最贵了，是不是最好吃？

小　王：这叫“糯米糍”，是较好的品种。

田　中：还有更贵的吗？

小　王：有。这种核儿还比较大，核儿小的更贵。

2 在宿舍

会话2音频

卡　佳：这是什么？

小　李：这是荔枝，来，尝尝！

卡　佳：谢谢。真好吃！

小　李：喜欢吃就多吃一点儿。对了，也不能吃得太多，有的人吃多了会上火的。

卡　佳：什么是“上火”？

小　李：“上火”就是身体会燥热，喉咙会不舒服。

四、要点注释 Notes to the Text

1 ……之一

“……之一”原来主要用于数学中的分数，表示“……中的一份”。譬如：二分之一、十分之一、百分之一等。

“……之一”也表示“……中的一个”，一般和“最”连用，组成“最……之一”的句式。譬如：

（1）乔治在我们班里是三个汉语讲得最好的人之一。

（2）哈密瓜是中国北方最有名的水果之一。

（3）“糯米糍”是荔枝中最好吃的品种之一。

2 前后

“前后”是两个方位词“前”和“后”的叠加，有以下几类意义：

（1）表示前面和后面。譬如：前后相连，前后坐着两位同学。

（2）表示某一个地点的前后相加起来的某一空间。譬如：大楼前后，座位前后，房屋前后等。

（3）表示某一个时点的前后相加起来的某一时段。譬如：春节前后，30号前后，2000年前后等。

（4）表示某一个事件的稍前或者稍后的某一时段。譬如：结婚前后，开学前后，荔枝成熟前后等。

（5）指某一段时间内几个同类的事物。譬如：你前后几封信，前后两位汉语老师，今年前后两次考试等。

3 如果……就……

“如果……就……”的句式主要用来表示假设条件和结果的关系。“如果”提出假设，“就”引出结果。一般“如果”用在第一分句，“就”用在第二分句。前后两个分句的主语相同的话，第二个主语一般会省略。譬如：

（1）如果你坐车走滨海大道，就能看到香港美丽的景色。

（2）如果你吃太多的荔枝，就可能会上火。

前后两个分句的主语不同的话，第一个分句的主语要放在“如果”前面。譬如：

（1）你如果能多吃水果和蔬菜（shūcài，vegetables），你的身体就会好得多。

（2）小王如果忘了，你就告诉他。

4 疑问代词表示任指

疑问代词“谁、什么、哪儿、多少”等除了用于表示疑问外，有时用于表示“任何人、任何事物、任何地方、任何数量”，这就叫作疑问代词的“任指”用法。譬如：

（1）这个问题谁也不知道怎么回答。（任何人）

（2）明天的考试题目老师什么也没告诉我们。（任何事物）

（3）现在你愿意去哪儿就去哪儿，随便。（任何地方）

（4）好吃吗？如果好吃，你喜欢吃多少就吃多少。（任何数量）

5 临

“临”可以用作介词，表示某一动作发生或者某种状态将要发生以前很短的时刻。

（1）“临 + 动词 + 时 / 的时候”。譬如：

1）她临上车（时 / 的时候）给了我十几斤荔枝。（在上车以前一刻）

2）田中临走（时 / 的时候）唱了一首日本歌。（在走以前一刻）

3）昨天临上床睡觉（时 / 的时候）才接到你的电话。（在上床睡觉前一刻）

（2）“临 + 动词 + 前 / 以前（之前）”。譬如：

1）她临上车前给了我十几斤荔枝。（在上车以前）

2）田中临走前唱了一首日本歌。（在走以前）

3）昨天临上床睡觉前才接到你的电话。（在上床睡觉以前）

五、练习 Exercises

1 辨字、注音并组成词（尽可能多组词语）

字	音	组词 1	组词 2	组词 3	组词 4
糯					
需					

字	音	组词 1	组词 2	组词 3	组词 4
燥					
澡					

字	音	组词 1	组词 2	组词 3	组词 4
摘					
搞					

字	音	组词 1	组词 2	组词 3	组词 4
喉					
猴					

字	音	组词 1	组词 2	组词 3	组词 4
熟					
热					

字	音	组词 1	组词 2	组词 3	组词 4
临					
监					

2 划线连词

盛产	果实
庆祝	活动
挂满	荔枝
举办	生日

温暖	甜美
清香	自然
价廉	潮湿
清新	物美

3 替换练习

（1）荔枝是南方 最 有名的水果 之一。

荔枝是南方	最	有名的水果	之一。
铁观音是我家乡		有名的茶叶	
糯米糍是荔枝中		甜美的品种	
桂林是中国		秀丽的风景城市	

（2）每年六月 前后，荔枝 开始 熟了。

每年六月	前后，	荔枝	开始	熟了。
每年四月		深圳		热了。
每年“荔枝节”		果农		摆摊子卖荔枝了。
每天晚上七点		大牌档		繁忙了。

（3）如果 你经过荔枝林， 就 能看到荔枝树上结满了果实。

如果	你经过荔枝林，	就	能看到荔枝树上结满了果实。
	你吃过不同的菜肴，		会感到中国菜很丰富。
	你买过核儿小的，		不再会买核儿大的荔枝。
	你荔枝吃得太多，		会感到喉咙不舒服。

（4）除了 | 在荔枝园卖， | 果农们 还在 | 街上摆摊子卖。
- 在酒楼喝， / 朋友们 / 大牌档喝。
- 在草地上聊， / 大人们 / 游乐场上聊。
- 在学校里住， / 同学们 / 学校外租房子住。

（5）临 | 走 时，每人还 | 能带走几斤呢。
- 走 / 能学一句中文。
- 买 / 能尝一个。
- 睡 / 能吃几个。

（6）喜欢 | 吃 就多 | 吃 一点儿， | 吃多少 都行。
- 唱 / 唱 / 唱什么。
- 跳 / 跳 / 跳多久。
- 看 / 看 / 看多少。

4 组词成句

（1）七月　前后　每年　是　到处　卖　都　深圳　荔枝　的

____

（2）如果　多　吃　喜欢　就　吃　一点儿

____

（3）甜美　荔枝　清香　味道　中国　最　南方　之一　水果　著名的　是

____

（4）游客　的　荔枝园　喜欢　摘　多少　多少　吃　都行

____

5 用指定的词语回答问题

（1）深圳每年六七月都有很多荔枝卖吗？（盛产）

____

（2）为什么许多人喜欢吃荔枝？（是……之一）

____

（3）荔枝团的游客在荔枝园里能吃多少？（多少）

____

（4）有的人在看电视的时候喜欢怎么样？（边……边……）

____

（5）明年六七月你会在深圳吗？（如果……就……）

____

6 用指定的词语填空

词语：临、前后、摆满、吸引、之一、上火、新鲜、甜美、多少、边摘边吃

每年六月______，是荔枝__________上市（shàngshì，to appear on the market）的时候。许许多多的商店都______了红红的果实，很______人。

荔枝是很多人都喜爱（xǐ'ài，to like）的水果________，它的味道很________，但是不是每个人都能多吃的。有的人吃多了还会________。

每年六七月的时候，不少人都喜欢参加（cānjiā，to join in）“荔枝团”，到荔枝园的荔枝树下____________，吃________都行。________走时，还能带不少回去呢！

7 根据课文回答问题

（1）荔枝每年什么时候成熟（chéngshú，to ripe）？

____

（2）荔枝盛产在哪儿？什么地方的最出名？

____

（3）参加荔枝团的游客可以怎么样吃荔枝？

____

（4）为什么果农在街头卖的荔枝不错？

____

（5）有的人多吃荔枝会怎么样？

____

六、阅读 Reading

新疆哈密瓜

中国的水果很多，不少还是很出名的。譬如，新疆（Xīnjiāng，the Xinjiang Uyger Autonomous Region）的哈密瓜（hāmìguā，the Hami melon）和广东的荔枝就是最有名的水果之一。

哈密瓜盛产在新疆的哈密市，因为当地很少下雨，天气干燥，所以瓜特别香甜。过去交通不方便，在其他地方，除了皇帝（huángdì，emperor）以外，一般人都吃不到。

现在哈密瓜到处都有卖，可是没过去那么甜了。可能是因为新疆现在下雨多了，可能是大家吃得多了，也可能是一些哈密瓜不是新疆出产的。

问题

（1）哈密瓜盛产在中国的什么地方？

（2）为什么哈密瓜特别香甜？

（3）过去为什么一般人很少能吃到哈密瓜？

（4）现代到处有哈密瓜卖了，为什么没过去那么甜了？

Lesson Seven

第七课 逛东门

要点：
1. 虽然……但是……
2. 把……当成……
3. 词语重叠
4. 既……也……
5. 不如

字词音频

一、生词 New Words and Expressions

1	一直	yīzhí	副词 adv.	always
2	虽然……但是……	suīrán……dànshì……	词组 wg.	though
3	仍然	réngrán	副词 adv.	still
4	购物	gòuwù	动词 v.	to shop, shopping
5	热点	rèdiǎn	名词 n.	hot spot
6	商铺	shāngpù	名词 n.	shop, store
7	多数	duōshù	名词 n.	majority
8	食品	shípǐn	名词 n.	food
9	服装	fúzhuāng	名词 n.	clothing
10	用品	yòngpǐn	名词 n.	articles for use
11	一般	yībān	形容词 adj.	general
12	外地	wàidì	名词 n.	other places, nonlocal
13	把……当成……	bǎ……dàngchéng……	词组 wg.	to regard...as...
14	逛	guàng	动词 v.	to stroll
15	乐趣	lèqù	名词 n.	joy, fun
16	发生	fāshēng	动词 v.	to happen
17	变化	biànhuà	动词 v.	to change
18	大型	dàxíng	形容词 adj.	large-scale
19	开业	kāiyè	动词 v.	to start business
20	广场	guǎngchǎng	名词 n.	square
21	娱乐	yúlè	动词 v.	amusement
22	场所	chǎngsuǒ	名词 n.	place
23	既……也……	jì……yě……	连词 con.	both...and...
24	永远	yǒngyuǎn	副词 adv.	always, forever
25	亮点	liàngdiǎn	名词 n.	bright spot
26	打折	dǎzhé	动词 v.	to discount
27	不如	bùrú	动词 v.	not as good as

专有名词 Proper Names

1	东门	Dōngmén	Dongmen, the name of a place
2	达妮雅	Dánīyǎ	Daniya, a Russian name

二、课文 Text

课文音频　课文拼音

逛东门

在深圳生活的人都知道东门这个名字，因为它一直是深圳最热闹的商业街。虽然这十几年来，全市的商业发展得非常快，各个区都出现了许多新的商业街，但是[1]东门仍然是大家喜欢去的购物热点区域之一。

过去的东门商业街上主要都是一些小商铺，卖的多数只是食品、服装或生活用品等，价钱一般也比较便宜。所以，深圳人和外地游客都把逛东门当成[2]一大乐趣。

现在的东门已经发生了很大的变化，一家家[3]大型的百货公司在那儿开业。中心街道上也有了广场和娱乐场所。在那儿，人们既可以逛街购物，也[4]可以休息娱乐。

东门永远是热闹的，这个商业街永远是深圳的亮点。

三、会话 Dialogues

1 在商铺

会话1音频

售货员：小姐，您随便看看吧。这些衣服都是刚到的。

达妮雅：这件红色的多少钱？

售货员：250块。

达妮雅：太贵了。可以打折吗？

售货员：不贵，已经很便宜了。您如果喜欢，打八五折吧。

达妮雅：能再便宜点儿吗？

售货员：最低七折，不能再便宜了。

达妮雅：175块？那好，我要一件。

2 在宿舍

会话2音频

田　中：昨天，我和朋友去东门逛街，逛了一天。

小　王：东门怎么样？人很多吧？

田　中：人多极了，非常热闹。

小　王：你觉得东西的价钱怎么样？

田　中：价钱比中国其他城市要高，但是不如[5]东京那么高。

小　王：那么，你和朋友昨天一定买了不少东西啦？

田　中：是啊，快拿不动了。

四、要点注释 Notes to the Text

1 虽然……但是……

"虽然……但是……"用在表示转折关系的复句中。一般"虽然"用在第一分句，"但是"用在第二分句，表示在承认第一句所说的事实的基础上，强调第二句所说的相反的事实。譬如：

（1）这些商品**虽然**价钱便宜，**但是**能用很长时间。
（2）那家商店**虽然**很小，**但是**东西很多。
（3）**虽然**外面下着雨，**但是**还是有很多人逛街。

"虽然……但是……"中的"虽然"在口语中经常会省略，所以上述三句可以说成：

（1）这些商品价钱便宜，**但是**能用很长时间。
（2）那家商店很小，**但是**东西很多。
（3）外面下着雨，**但是**还是有很多人逛街。

2 把……当成……

词组"把……当成……"的意思是"A事物被说话者看作或者用作B事物"。譬如：

（1）老师们**把**学生**当成**自己的孩子，很热心地帮助他们。
（2）有些外国人已经**把**深圳**当成**他们的家。
（3）他昨天**把**沙发**当成**床睡觉。

"当成"也可以说成"当作"或者"当做"。

3 词语重叠

汉语的量词可以用“一+A+A”式的形式重叠，表示“一个接着一个”或者“每一个”的意思。譬如：

（1）一家家百货公司＝一家接着一家百货公司/每一家百货公司
（2）一件件衣服＝一件接着一件衣服/每一件衣服
（3）一条条商业街＝一条接着一条商业街/每一条商业街

4 既……也……

词组“既……也……”用在表示并列关系的复句中。“既”用在第一分句，“也”用在第二分句，表示前后两部分都能同时做到，而后一部分是对前一部分的补充。譬如：

（1）在深圳既能学到普通话，也能学到广州话。
（2）她既会做饭，也会做衣服。
（3）经理既满意深圳的生活，也喜欢深圳的气候。

5 不如

“不如”用于比较，表示比不上。常见的格式是“A不如B”。譬如：

（1）你去不如我去。（“我去”好一些）
（2）买一件不如买两件。（“买两件”好一些）
（3）看电视不如看电影。（“看电影”好一些）

“不如”用于对前后两个事物在某一方面做比较，后面带有表示形状的形容词，构成“A+不如+B+形容词”的句式。它表示后一事物的程度比前一事物高。譬如：

（1）今天不如昨天热。（昨天天气热）
（2）深圳的物价不如香港高。（香港物价高）
（3）这个月游客不如上个月多。（上个月游客多）

五、练习 Exercises

1 辨字、注音并组成词（尽可能多组词语）

字	音	组词 1	组词 2	组词 3	组词 4
购					
钩					

字	音	组词 1	组词 2	组词 3	组词 4
逛					
狂					

字	音	组词 1	组词 2	组词 3	组词 4
娱					
误					

字	音	组词 1	组词 2	组词 3	组词 4
亮					
壳					

字	音	组词 1	组词 2	组词 3	组词 4
折					
拆					

字	音	组词 1	组词 2	组词 3	组词 4
场					
杨					

2 划线连词

购物	广场
娱乐	快餐
中心	场所
美式	热点

五花	购物
逛街	凉爽
休息	八门
干燥	娱乐

3 替换练习

（1）东门 一直是 深圳 最 热闹的商业街。

东门	深圳	热闹的商业街。
清华大学	中国	有名的大学。
深南大道	深圳	繁忙的道路。
国庆节	中国人	高兴的日子。

（2）虽然 有新的商业街， 但是 东门仍然是购物热点。

有新的商业街，	东门仍然是购物热点。
荔枝很好吃，	吃多了会上火。
她学了一年汉语，	汉语说得很流利（liúlì，fluently）
这件衣服八五折，	她还是感到很贵。

（3）大家 把 逛东门 当成是一大乐趣。

大家	逛东门
同学们	学中文
琳达	做四川菜
他们	吃夜宵

(4)	一家家	大型百货公司	都在	东门	开业。
	一家家	外资企业		深圳	投资。
	一个个	交易会		这里	举行。
	一个个	游客		商业街	购物。

(5)	在那儿人们	既可以	逛街购物，	也可以	休息、娱乐。
	在川菜馆顾客		吃辣的，		吃不辣的。
	吃夜宵我们		上酒楼，		去大牌档。
	去书城		坐中巴去，		坐公共汽车去。

(6)	这里的价钱	比	其他城市	要高，但是不如	东京	那么高。
	上海的温度		北京		广州	
	深圳的房租		其他城市		香港	
	中巴的票价		公共汽车		的士	

4 组词成句

（1）是　读书　的　大　人生　乐趣　一

______

（2）这是　新闻　的　最近　热点

______

（3）深圳　已经　今天　的　很大　发生　变化　了　的

______

（4）我　很多　买　东西　了　拿　快　动　了　不

______

5 用指定的词语完成对话

（1）A：小姐，您要买什么？

B：______________________________。（不、随便）

（2）A：这件衣服怎么卖？

B：400元。

A：太贵了，______________________________。（便宜）

B：您如果喜欢，就380元给您了。

A：______________________________。（打折）

B：你真会讲价（jiǎngjià，to bargain）。这样吧，最低九折，怎么样？

A：360元？好吧，我要一件。

（3）A：我们今天去东门了。

B：好玩吗？买了不少东西吧？

A：是呀。______________________________。（一间间、看）

B：有没有讲价？

A：当然有。______________________________。（乐趣）

B：那儿的东西便宜吗？

A：一般。______________________________。（不如）

（4）A：你昨天怎么没来图书馆？我找了你半天。

B：谁说的？______________________________。（一直）

A：我怎么没看见你？

B：人这么多，你______________________________。（一个个）

A：那怎么可能。好吧，下次我们说好在一个地方等。

B：这就对了，行！

6 用指定的词语填空

词语：乐趣、热点、亮点、一间间、越来越多、除了……还……、把……当成、既……又……

从香港过来，一出海关（hǎiguān，customs），就是罗湖商业城。这是香港人来深圳购物的______之一。现在______香港人喜欢来这里花钱（huāqián，to spend money）。

罗湖商业城的东西______多______便宜。______五层的商铺，有的卖服装，有的卖食品，也有的卖生活用品。这里的最大的______是中式服装。购买中式服装是香港人和外国游客的一大______。______这些，商业城里______有许多酒楼和美容院（měiróngyuàn，beauty salon），很多香港人都______罗湖商业城______在深圳购物或休闲的好去处（qùchù，place to go）。

7 根据课文回答问题

（1）你去过东门吗？你去那儿做什么？

____

（2）现在的东门和过去有什么不一样？

____

（3）和你们国家相比，东门东西的价钱怎么样？

____

（4）你在中国购物讲过价吗？说说你的故事。

____

六、阅读 Reading

你喜欢讲价吗？

不知道你是不是同意，有些人把讲价当成购物的习惯。当然，讲价也是他们购物的乐趣之一。大家都知道，出门购物，除了在大商店不能讲价以外，一般的小商铺里，常常可以讲价。当然，如果已经是“特价”（tèjià，special price）商品（shāngpǐn，goods）或者是打了折的，一般都不能再讲价了。

人们通常是在买菜、买衣服或者买小商品时才讲价。会讲价的人，常常会买到很便宜的商品，有的甚至是半价（bànjià，half-price）呢。有时候虽然知道价格不是太贵，但还是希望能再便宜一点儿，所以就自然地开始讲价了。

有的人除了讲价，还会“货（huò，commodity）比（bǐ，to compare）三家”。就是说多走几家商铺，比较价钱，然后再决定去哪一家买。

问题

（1）在什么地方购物一般不能讲价？

______

（2）购买什么商品一般是不能讲价的？

______

（3）在购买什么东西的时候有些人一般喜欢讲价？

______

（4）讲价能买到便宜的商品吗？

______

（5）你能说说“货比三家”是什么意思吗？

______

Lesson Eight

第八课 深圳大学

要点：
1. 于
2. ……以来
3. 动词＋成
4. 其中
5. 有……有……

一、生词 New Words and Expressions

字词音频

1	特区	tèqū	名词 n.	special zone
2	创办	chuàngbàn	动词 v.	to establish
3	于	yú	介词 prep.	in
4	坐落	zuòluò	动词 v.	to be located
5	秀丽	xiùlì	形容词 adj.	beautiful
6	畔	pàn	名词 n.	side
7	占	zhàn	动词 v.	to cover an area of
8	校园	xiàoyuán	名词 n.	campus
9	比较	bǐjiào	副词 adv.	comparatively
10	而	ér	连词 con.	however, but
11	……以来	……yǐlái	名词 n.	since
12	综合性	zōnghéxìng	名词 n.	synthetic quality, comprehensive
13	学院	xuéyuàn	名词 n.	college
14	其中	qízhōng	名词 n.	among
15	本科生	běnkēshēng	名词 n.	undergraduate student
16	研究生	yánjiūshēng	名词 n.	graduate student
17	近	jìn	形容词 adj.	near
18	新颖	xīnyǐng	形容词 adj.	novel, new and original
19	别致	biézhì	形容词 adj.	unique
20	丰富多彩	fēngfùduōcǎi	成语 sph.	rich and colorful
21	活跃	huóyuè	形容词 adj.	active
22	显示	xiǎnshì	动词 v.	to show, to display
23	朝气	zhāoqì	名词 n.	youthful spirit
24	活力	huólì	名词 n.	vigour
25	当然	dāngrán	副词 adv.	of course
26	派	pài	动词 v.	to send
27	专程	zhuānchéng	副词 adv.	for a special purpose
28	报名	bàomíng	动词 v.	to apply, to enter one's name

专有名词 Proper Names

1	深圳大学	Shēnzhèn Dàxué	Shenzhen University
2	后海湾	Hòuhǎiwān	Houhaiwan, the name of a place
3	金正元	Jīn Zhèngyuán	a Korean name

二、课文 Text

课文音频　课文拼音

深圳大学

深圳特区最初只有一所大学——深圳大学。这所大学创办于[1]1983年，坐落在风景秀丽的后海湾畔，当时占地1.44平方千米。学校的校园离蛇口比较近，大约4千米，而离市区比较远，大约有20千米。

建校以来[2]，深圳大学已发展成[3]一所综合性大学。现在有二十七个学院，近三万名学生，其中[4]，本科生两万多人，研究生六千多人，外国留学生近九百人。

深圳大学的校园，环境优美，有山有水[5]，到处是绿树和鲜花，学校的建筑新颖别致。

深圳大学的校园生活丰富多彩。读书节、文化节、运动会等活动，活跃了学生们的生活，显示出大学生们的朝气和活力。

三、会话 Dialogues

1 在校园

会话1音频

金正元：李老师，好久不见，您还记得我吗？

李老师：当然记得，你叫金正元！怎么那么快又回来了？

金正元：是啊。去年我回国，很快找到了工作。这次是公司派我来的。

李老师：太好了！你的汉语说得还和一年前一样好！

金正元：谢谢老师！今天我专程回来看看深大，看看老师们！

李老师：谢谢你，我太高兴了！

2 在办公室

会话2音频

田　中：请问，暑假汉语班是在这儿报名吗？

张老师：田中，是你啊！怎么，暑假不回国了？

田　中：我想晚一点儿才回去。

张老师：你想学多长时间？

田　中：一个月左右吧。张老师，报名的人多吗？

张老师：已经有三十多个人了。

四、要点注释 Notes to the Text

1 于

“于”是书面语用词，意思相当于口语中的介词“在、从、对……”等。“于……”经常用在动词的后面。“于……”表示时间时，也可以像“在……”等介词一样，用在动词前面。“于……”常见的用法有下面两种：

（1）表示时间，有“在……”的意思，例如：

1）我的弟弟出生于1989年。/我的弟弟于1989年出生。
（我的弟弟在1989年出生。）
2）中华人民共和国成立于1949年。/中华人民共和国于1949年成立。
（中华人民共和国在1949年成立。）

（2）表示处所，有“从、在……”的意思，例如：

1）我去年毕业于深圳大学。（我去年从深圳大学毕业。）
2）卡佳出生于俄罗斯。（卡佳在俄罗斯出生。）

2 ……以来

“……以来”表示从过去直到说话时（或者特指某一个时刻）为止的一段时间。譬如：

（1）她进校以来，一直是好学生。
（2）一月一日以来，我们已经接待了三万名游客。
（3）今年以来，报名的人已经有五百多名。

"……以来"前面还可以加上"从、自、自从"等介词，构成"从……以来""自……以来""自从……以来"的格式，意思一样。

3 动词＋成

"动词＋成"主要有下列两种不同的意义：

（1）表示成功、完成和实现。例如：

1）这个会开**成**了。（成功）

2）作文昨天写**成**了。（完成）

3）这次旅行我去**成**了。（实现）

（2）表示成为、变成，必须带宾语。例如：

1）我们想把滨海大道建**成**高速公路。（成为、变成）

2）她想把今天的菜肴做**成**日本风味菜。（成为）

3）我要把这件事写**成**文章。（成为）

4 其中

"其中"是个特殊的方位词，它一般只能单用，意思是"那里面"，用于指出某个范围内或者处所内。"其中"的后面一般可以使用逗号，表示停顿。譬如：

（1）我们班上有十二名同学。**其中**，五名是韩国学生，三名是日本学生，还有四名学生来自其他国家。

（2）深圳大学有很多大树，**其中**有1 000多棵是荔枝树。

（3）这个问题比较复杂，**其中**的道理不容易懂。

5 有……有……

“有……有……”是一种既定格式，表示所说的两样事物、状态或者动作同时存在。中间可以嵌入名词、形容词或者动词。譬如：

有名**有**利（嵌入名词，意思是：能出名又能得到好处）

有车**有**房（嵌入名词，意思是：有汽车也有住房）

有大**有**小（嵌入形容词，意思是：大的和小的都有）

有贵**有**便宜（嵌入形容词，意思是：贵的和便宜的都有）

有吃**有**穿（嵌入动词，意思是：有饭吃也有衣服穿）

有说**有**笑（嵌入动词，意思是：一边说一边笑）

五、练习 Exercises

1 划线连词

风景	别致
环境	新颖
建筑	丰富
生活	秀丽

充满	活力
活跃	活动
显示	朝气
举办	生活

2 替换练习

（1）深圳大学创办 于 1983年。
- 深圳特区创建 — 1979年。
- 那家酒楼开业 — 1996年。
- 这座公园修建 — 2002年。

（2）深圳大学 离 蛇口 比较近，而离 市区 比较远。
- 韩国 — 中国 — 美国
- 海滨花园 — 滨海大道 — 北环大道
- 渔村 — 后海湾 — 南头

（3）建校 以来，深圳大学 已经 发展成一所综合性大学。
- 开学 — 田中同学 — 学了不少广州话。
- 开业 — 企业 — 投资了500万美元。
- 去年 — 公司 — 举办了三次普通话比赛。

（4）这个地方 有 山 有 水，漂亮 极了。
- 市民家里 — 房 — 车， — 开心
- 房间里 — 水 — 电， — 方便
- 这里的夏天 — 风 — 雨， — 凉爽

（5）你怎么 那么快又 来深圳了？
- 管理处 — 来要房租了？
- 比赛 — 要举办了？
- 空调 — 坏（huài，to be out of order）了？

(6)

你的汉语	说	得和	一年前	一样	好。
学校校园	修建		十年前		漂亮。
餐厅的虾饺	做		去年		好吃。
荔枝	卖		去年		贵。

(7)

学校	有	近三万名学生，	其中，	本科生二万多人。
学校		三百多名留学生，		韩国学生一百多人。
荔枝园		八百棵荔枝树，		糯米糍五百棵。
市区		五百家餐厅，		广东风味的两百家。

(8)

我想	晚一点儿	才	回去。
	一个月左右		回国。
	一个星期后		去逛东门。
	三天后		去暑假汉语班报名。

3 用指定的词语完成句子

(1) 中国有很多大学，________________________。（其中）

(2) 学校生活丰富多彩，______________________。（其中）

(3) 我很喜欢学校的环境，____________________。（其中）

(4) 1979年以来，特区________________________。（发展成）

(5) 校园到处是绿树和鲜花____________________。（当成）

(6) 金正元一下飞机就________________________。（专程）

4 选择适当的词语填空

（1）我住的地方比较小，________________离学校比较远，所以我想回学校住。（而/而且）

（2）他们是本科生，____________我们是研究生。（而/而且）

（3）暑期汉语班______________七月八日开始报名。（在/于）

（4）留学生们来自____________世界上很多个国家。（在/于）

（5）学校的生活_________________。（丰富多彩/各种各样）

（6）每天学生们都会问老师________________的问题。（丰富多彩/各种各样）

5 用下列词语介绍一下你学习或生活的地方

有……有……、到处、环境、其中、一共、离、而

____

____

____

6 根据课文回答问题

（1）深圳大学坐落在哪儿？离市区远吗？

____

（2）深圳大学是一所什么学校？学校里有多少学生？

____

（3）学校的环境怎么样？

____

（4）校园生活丰富吗？有些什么活动（huódòng，activity）？

____

六、阅读 Reading

到深圳大学读书

深圳大学从1986年就开始举办外国人汉语学习班。到现在为止（wéizhǐ, up to now），已经有两万多名留学生在这里学习过。他们来自世界上的很多国家，比如：日本、韩国、美国、英国、俄罗斯等。

深圳大学留学生楼坐落在风景秀丽的文山湖（Wénshān Hú, Lake Wenshan）畔。留学生楼里除了有留学生宿舍（sùshè, dormitory）外，还有咖啡馆（kāfēiguǎn, coffee shop）、阅览室（yuèlǎnshì, reading room）等。

除了汉语，留学生还可以在深圳大学学习其他各种专业（zhuānyè, major），而且能参加中国学生的各种活动。比如：读书节、文化节、运动会等。

在深圳大学学习和生活，你会感到非常快乐（kuàilè, happy）。

问题

（1）深圳大学什么时候开始举办外国人汉语学习班？

______

（2）深圳大学留学生楼坐落在哪儿？

______

（3）留学生楼里面有阅览室吗？还有什么？

______

（4）外国留学生能在深圳大学学习什么？

______

（5）留学生能参加中国学生的活动吗？有哪些活动？

______

Lesson Nine

第九课 我怎么听不懂他们在说什么？

要点：

1. 使
2. 笑着说
3. 其实
4. 向……请教
5. 只要……就……

一、生词 New Words and Expressions

字词音频

1	使	shǐ	动词 v.	to make
2	惊讶	jīngyà	形容词 adj.	surprised
3	尤其	yóuqí	副词 adv.	especially
4	当地	dāngdì	名词 n.	local, that place
5	情况	qíngkuàng	名词 n.	situation
6	不同	bùtóng	形容词 adj.	different
7	通行	tōngxíng	动词 v.	to prevail, to be current
8	语言	yǔyán	名词 n.	language
9	状况	zhuàngkuàng	名词 n.	condition
10	复杂	fùzá	形容词 adj.	complicated
11	居民	jūmín	名词 n.	resident
12	客家	kèjiā	名词 n.	the Hakka
13	方音	fāngyīn	名词 n.	a dialect accent
14	粤语	yuèyǔ	名词 n.	Cantonese (dialect)
15	大量	dàliàng	形容词 adj.	a large number of
16	方言	fāngyán	名词 n.	dialectal accent
17	座	zuò	量词 mw.	a measure word
18	政府	zhèngfǔ	名词 n.	government
19	号召	hàozhào	动词 v.	to call out, to appeal
20	因此	yīncǐ	连词 con.	therefore
21	请教	qǐngjiào	动词 v.	to consult
22	声调	shēngdiào	名词 n.	tone
23	别	bié	副词 adv.	do not
24	担心	dānxīn	动词 v.	to worry about
25	只要……就……	zhǐyào……jiù……	连词 con.	so long as
26	发音	fāyīn	名词 n.	pronunciation

专有名词 Proper Names

1	大卫	Dàwèi	David
2	湖南	Húnán	Hunan, the name of a province
3	江西	Jiāngxī	Jiangxi, the name of a province
4	澳门	Àomén	Macao

二、课文 Text

课文音频　课文拼音

我怎么听不懂他们在说什么？

大卫是美国人，上个星期刚来到深圳。这里有很多东西使[1]他感到惊讶，尤其是当地人说的话。

来深圳以前，他听说，深圳人说的是普通话。但是来了以后，他发现情况有点儿不同。他问他的朋友："有些人说的话，我怎么听不懂？"朋友笑着说[2]："是的，这里除了普通话，还通行广州话呢。"

其实[3]，深圳的语言状况比较复杂。这里原来的居民，说的是客家话和带有方音的粤语。1980年以后，大量人口从全国各地来到深圳，当然也带来了各地的方言。比如：湖南话、江西话、四川话等。由于广州、香港、澳门都说广州话，所以这座城市也通行广州话了。

政府一直号召大家说普通话，因此现在普通话在深圳最通行。

三、会话 Dialogues

1 在教室

会话1音频

大　卫：张老师，我有个问题想向您请教[4]。

张老师：什么问题呢？

大　卫：学广州话，最难的是什么？

张老师：最难的，我想是声调。普通话只有四个声调，但是广州话有九个。

大　卫：九个声调？太难了！我学不好了！

张老师：别担心，只要努力，你就[5]一定能学好！

2 在南头市场

会话2音频

田　中：小王，这些卖菜的人说的话我怎么听不懂？

小　王：他们讲的是南头话。

田　中：我听说南头有客家人，他们说的是客家话吗？

小　王：有的人说的是客家话，有的人说的是南头话。

田　中：南头话和广州话差不多，是吗？

小　王：是的，但发音有点儿不同。

四、要点注释 Notes to the Text

1 使

动词“使”在这里的意思是“让、叫、致使”，后面必须要带上其他的动词或者形容词，说明所产生的行动、状态以及造成的后果。譬如：

（1）她的书使我改变了看法。
（2）各地的人来到深圳使这里通行普通话。
（3）好的老师使大卫很快学会了广州话。
（4）你的话使我很高兴。
（5）餐馆的饭菜使顾客很满意。
（6）海风使这儿的空气很潮湿。

2 笑着说

“笑着说”是“动词1+着+动词2”的结构，表示“笑”和“说”两个动作同时发生。其中第二个动作“说”是主要的动作，而第一个动作“笑”是伴随着的动作，多数是说明做第二个动作时的方式或方法。

这种“动词1+着+动词2”的形式叫作连动结构。例如：

拿着看（“拿”是“看”的方式）
站着吃（“站”是“吃”的方式）
躺着看书（“躺”是“看书”的方式）

3 其实

副词“其实”的意思和“实际上”一样，表示所说的情况是真实的，有更正上文的作用或者对上文作出补充。它的用法如下：

（1）用在动词或者形容词的前面。譬如：

1）深圳二十年前其实并不十分通行普通话。
2）我过去其实不太了解美国人。
3）今天的天气其实不很热，你怎么已经穿得那么少？
4）大伟其实很聪明，并不笨。

（2）连接小句，放在主语的前面。譬如：

1）我们只知道她的汉语不错，其实她的日语也很棒。
2）你们说深圳大学离蛇口很远，其实只有4千米。
3）大家都说广州话声调很难，我看，其实不太难。

4 向……请教

在汉语里，能带双宾语的动词一般的词序是“动词+指人宾语+指物宾语”。但是也可以用介词把宾语引出，放在动词前面，构成“介词+指人宾语+动词+指物宾语”的词序。譬如：

（1）我请教您一个问题。（“动词+指人宾语+指物宾语”）
（2）我向您请教一个问题。（“介词+指人宾语+动词+指物宾语”）

也可以像课文一样，用“有字句”去表达，说成：

（1）我有一个问题请教您。（“有+指物宾语+动词+指人宾语”）

（2）我有一个问题向您请教。（“有+指物宾语+介词+指人宾语+动词”）

5 只要……就……

词组“只要……就……”用于表示条件关系的复句中。一般“只要”用在第一分句中，指出必要的条件；“就”用在第二分句，说明符合这些条件带来的结果。譬如：

（1）你只要打个电话，就可以知道今天的天气了。

（2）你们只要找一下，就一定能租到便宜的住房。

（3）只要你不说，他们就一定不会知道。

五、练习 Exercises

1 辨字、注音并组成词（尽可能多组词语）

字	音	组词 1	组词 2	组词 3	组词 4
使					
便					

字	音	组词 1	组词 2	组词 3	组词 4
尤					
龙					

字	音	组词 1	组词 2	组词 3	组词 4
方					
万					

字	音	组词 1	组词 2	组词 3	组词 4
粤					
奥					

字	音	组词 1	组词 2	组词 3	组词 4
通					
痛					

字	音	组词 1	组词 2	组词 3	组词 4
请					
情					

2 替换练习

(1) 我 怎么 听 不 懂 他们在说什么?

我	怎么	听	不 懂	他们在说什么?
你		看	懂	这篇文章?
田中		讲	好	广州话?
大卫		写	好	汉字?

(2)

这里有很多东西	使	他	感到	惊讶。
校园的环境		学生们		很满意。
地铁的修建		市民		非常便利。
海滨的风		大家		很凉爽。

(3)

朋友	笑着	说：	"是的。"
李老师		说：	"你的汉语说得还和一年前一样好！"
金正元		问：	"李老师，好久不见了，您还记得我吗？"
大卫		问：	"我的话你们懂吗？"

(4)

这里的居民	说的	是	带有方音的粤语和客家话。
	吃的		广东菜和潮州菜。
	讲的		普通话和广州话。
	买的		食品、服装或生活用品。

(5)

由于	广州、香港、澳门都说广州话，	所以	深圳也通行广州话。
	大量人口从全国各地来到这儿，		大家都说普通话。
	卖菜的人说的是南头话，		我听不懂。
	广州话有九个声调，		大卫感到很难学。

(6)

政府一直号召大家说普通话，	因此	普通话在深圳最通行。
学校离酒楼很近，		她每个周末都和朋友去聚餐。
投资环境比较好，		不少外资企业来这里投资。
这里的夏天很长（cháng，long），		空调开得很多。

（7）你 只要 努力，就 一定能学好。
- 我 / 有时间， / 去图书馆看书。
- 你们 / 来过， / 会喜欢这个地方。
- 这里 / 刮台风， / 下大雨。

（8）南头话 和 广州话 差不多，是吗？
- 韩国话 / 日本话
- 四川菜 / 湖南菜
- 喝早茶 / 聊聊天

3 组词成句

（1）大卫 感到 很多 惊讶 的 东西 深圳 使

____

（2）普通话 号召 一直 中国 大家 政府 讲

____

（3）好 的 学 声调 汉语 最 难 是

____

（4）有 和 通行 深圳 的 广州话 语言 普通话

____

4 用指定的词语完成句子

（1）这些字不能乱（luàn，random）读，__________。（尤其）

（2）普通话很难学，______________________。（尤其）

（3）这里买东西只用人民币（rénmínbì，Chinese currency），______________。（通行）

（4）深圳人来自全国各地，______________________。（有的……有的……）

（5）今天的晚会非常热闹，______________________。（有的……有的……）

（6）我有个问题想______________________，可以吗？（向……请教）

（7）深圳通行普通话，______________________。（其实）

（8）他说他会说普通话，______________________。（其实）

5 用指定的词语填空

词语：来自、以前、以后、使、向、离、惊讶、请教、流行、通行、方言、努力

大卫来深圳______，听说深圳人说的是普通话。可是，他来了______，发现自己听不懂当地人说的话，这______他觉得很______。

______朋友______了以后，他才知道，这里除了______普通话，还通行许多中国的方言。最______的是粤语，因为这里______香港、澳门很近。除了粤语，本地人还说客家话。

还因为深圳本地人很少，大部分的深圳人______全国（quánguó，whole country）各地，所以各地的______都可以在这儿听到。比如：四川话、湖南话、上海话、江西话等。

明白（míngbai，to understand）了这些情况，大卫学习汉语更______了。

6 根据课文回答问题

（1）大卫为什么听不懂当地人的话？

______

（2）深圳原来的居民说什么话？

______

（3）为什么现在在深圳能听到各地的方言？

______

（4）为什么政府要号召大家说普通话？

______

六、阅读 Reading

广州话

广州话也叫“粤语”，一般还叫“广东话”，英文叫作Cantonese。这是一种中国的方言。很多海外（hǎiwài，overseas）的中国人中也通行这种话。

广州话是中国七大方言之一，是一种古老（gǔlǎo，ancient）的语言，广州话有九个声调，外国人学说广州话比学普通话难（nán，difficult）一些。

现在我们的生活中，有很多词（cí，word）是从广州话来的。比如：把“饮食（yǐnshí，food and drink）摊儿”（tānr，booth）叫作“大牌（排）档”，吃完饭“结账”（jiézhàng，to settle accounts）叫“买单（mǎidān，to pay the bill）”，丈夫（zhàngfu，husband）叫作“老公（lǎogōng）”，妻子（qīzi，wife）叫作“老婆（lǎopo）”，等等。

你还能说出一些别的词吗？

问题

（1）广州话还有别的名称吗？都是哪些？

（2）你学过广州话吗？你感到广州话难学吗？

（3）你能把文章（wénzhāng，article）里的粤语词念出并说出它的意思吗？

（4）你知道普通话里还有哪些词是从广州话里来的吗？请说出一两个。

Lesson Ten

第十课 深圳书城

要点：
1. 动词 + 起来
2. 有的……有的……
3. 在……中
4. 动词 + 自

一、生词 New Words and Expressions

字词音频

1	书城	shūchéng	名词 n.	book city
2	风景点	fēngjǐngdiǎn	名词 n.	scenic spot
3	位于	wèiyú	动词 v.	to be located
4	对面	duìmiàn	名词 n.	opposite
5	面积	miànjī	名词 n.	area
6	层	céng	名词 n.	layer, storey, floor
7	营业	yíngyè	动词 v.	do business
8	大厅	dàtīng	名词 n.	hall
9	挤	jǐ	动词 v.	to be crowded
10	够	gòu	形容词 adj.	enough
11	书架	shūjià	名词 n.	bookshelf
12	干脆	gāncuì	副词 adv.	simply
13	收银台	shōuyíntái	名词 n.	cashier
14	排	pái	动词 v.	to line up
15	队伍	duìwu	名词 n.	line
16	捧	pěng	动词 v.	to hold in both hands
17	小推车	xiǎotuīchē	名词 n.	shopping trolley, shopping cart
18	人群	rénqún	名词 n.	crowd
19	据	jù	介词 prep.	according to
20	统计	tǒngjì	动词 v.	to count up, statistics
21	人均	rénjūn	词组 wg.	per capita
22	额	é	名词 n.	a specified number
23	连续	liánxù	形容词 adj.	continuously
24	关于	guānyú	介词 prep.	about
25	方面	fāngmiàn	名词 n.	aspect

专有名词 Proper Names

1	深南中路	Shēnnán Zhōng Lù	Central Shennan Road
2	中信大厦	Zhōngxìn Dàshà	CITIC Bank Building

二、课文 Text

课文音频　课文拼音

深圳书城

你可能不知道，深圳书城是深圳的一大风景点。它位于市中心深南中路上，中信大厦对面，是全国面积最大的购书中心之一。

每天来逛书城的人都很多。你看，四层的营业大厅里经常挤满了买书的人。有的人一找到自己喜欢的书，就坐在椅子上看起来[1]。椅子不够，有的就站在书架旁看，有的[2]干脆坐在地上看……

收银台那边，常常排起长长的队伍，人们拿着的、捧着的、小推车里放着的都是书。

在买书的人群中[3]，很多人来自[4]香港和澳门。他们只要来到深圳，就一定会来书城，因为这里的书又多又全又便宜。

据统计，深圳市人均购书额连续十几年是全国第一。

三、会话 Dialogues

1 在宿舍

会话1音频

小　王：田中，你看什么书呢？

田　中：关于中国历史的书，从图书馆借的，很有意思。小王，你知道在哪儿能买到这种书吗？

小　王：去书城看看吧，那里各种书都有得卖。

田　中：书城？远吗？

小　王：在市里，从这儿坐113路公共汽车，半个多小时就到了。

田　中：我今天下午就去看看。

2 在书城

会话2音频

小　王：这就是深圳书城了！

田　中：这个书店好大啊！人真多！

小　王：今天是周末，你看，孩子们也跟着爸爸妈妈来买书了。

田　中：在哪儿能找到中国历史方面的书呢？

小　王：在二楼。

田　中：太好了，这里的书真不少！

四、要点注释 Notes to the Text

1 动词＋起来

“动词＋起来”有三个不同的意思。

（1）原来的意思：表示人或者事物随动作向上。譬如：

站**起来**　拿**起来**　跳**起来**　升**起来**

（2）引申的意思1：表示动作的开始并可能会继续下去。譬如：

笑**起来**　唱**起来**　叫**起来**　打**起来**

（3）引申的意思2：表示聚拢，或动作的完成，或达到目的。譬如：

合**起来**　想**起来**　藏**起来**　关**起来**

本课课文里的“看起来”属于第二种用法，意思是“开始并继续看”。

2 有的……有的……

“有的……有的……”表示一个整体中的几个不同的部分的情况。譬如：

（1）我们的同学中，**有的**来自日本，**有的**来自韩国，**有的**来自美国。

（2）星期天，大家**有的**去逛街，**有的**去图书馆，**有的**去打球，还**有的**在家睡觉。

（3）这些蘑菇**有的**能吃，**有的**不能吃，要小心。

3 在……中

方位词“中”经常和介词“在”连用，构成“在……中”的结构，中间可以嵌入代词、名词或者名词性词组。主要的意思是表示某个范围、处所或者方面。譬如：

（1）在我们中，他的汉语最好。（表示范围）
（2）在所有的城市中，我最喜欢深圳。（表示范围）
（3）在操场中，有四个篮球场和一个足球场。（表示处所）
（4）在人群中，我看到了小张和小李。（表示处所）
（5）在学习中，你可能会有困难，不用担心，大家会帮助你。（表示方面）
（6）他是我在工作中的好帮手。（表示方面）

“在……中”的结构可以简说为“……中”，意思一样。

4 动词＋自

介词“自”的意思和“从”一样，表示动作的起点。一般用于书面语。“自”以及它所带的宾语可以放在动词前，也可以放在动词后。譬如：

（1）这辆火车自（从）北京开往广州。（自＋宾语＋动词）
（2）很多人自（从）不同的地方来到深圳。（自＋宾语＋动词）
（3）这辆火车来自北京。（动词＋自＋宾语）

能使用“动词＋自＋宾语”句式的动词主要是“来、寄、出、选、抄、译”等少量词语。

五、练习 Exercises

1 辨字、注音并组成词（尽可能多组词语）

字	音	组词 1	组词 2	组词 3	组词 4
附					
府					

字	音	组词 1	组词 2	组词 3	组词 4
租					
祖					

字	音	组词 1	组词 2	组词 3	组词 4
清					
情					

字	音	组词 1	组词 2	组词 3	组词 4
热					
势					

字	音	组词 1	组词 2	组词 3	组词 4
登					
橙					

字	音	组词 1	组词 2	组词 3	组词 4
观					
劝					

2 替换练习

（1）

深圳书城	是深圳的	一大风景点。
中信大厦		观光（guānguāng，sight seeing）点。
东门		购物点。
世界之窗		旅游（lǚyóu，tour）点。

（2）

有的人	一	找到自己喜欢的书，	就	坐在椅子上看起来。
我父亲		买到好书，		坐在地上看起来。
游客们		摘到荔枝，		拿在手上吃起来。
大卫		到教室，		站在桌前读起来。

（3）

逛书城的人	有的	就站在书架旁看，	有的	干脆坐在地上看。
逛东门的人		来购物，		来娱乐。
买菜的人		讲客家话，		讲潮州话。
排队的人		两手捧着书，		拿着书看。

（4）

在	买书的人群	中，	很多人来自香港和澳门。
	学习汉语的留学生		很多人来自韩国。
	登记的游客		很多人来自日本。
	报名的队伍		很多人来自外资企业。

（5）据统计，

据统计，	**深圳市的人均购书额连续十年**	是全国第一。
	这座城市的人口	
	这所大学的学生数（shù，number）	
	那个风景点的游客数	

（6）

田中在看	**关于中国历史方面**	的书，他觉得很有意思。
	关于广东菜方面	
	关于外资投资方面	
	关于中国方言方面	

（7）

在哪儿能	**买到**	**这种书**	呢？
	找到	中国服装方面的书	
	吃到	可口的上海点心	
	看到	民歌比赛	

（8）

孩子们	跟着	**爸爸妈妈**	来	**买书**。
大卫		中国朋友		东门逛街。
乔治		很多游客		广东旅游。
我们		很多外地观众		中信大厦观光。

3 组词成句

（1）全国 是 最大 之一 购书 书城 面积 的 深圳 中心

____

（2）营业 经常 的 四层 挤满 大厅 人 里 了 买书 的

____

（3）长长 的 前面 了 收银台 交钱 队伍 等待 排起 买书的

____

（4）香港 来说 人 对 深圳 多 书城 便宜 的 书 又 又

____

4 用指定的词语完成句子

（1）______________，每年来中国留学的外国学生有5.6万人。（统计）

（2）研究生们每天看很多书，______________。（从……借的）

（3）乔治的女朋友______________。（又……又……）

（4）我喜欢在这个小区租房子（fángzi，house）住，因为______________。（又……又……）

（5）这里每年七八月份都刮台风，有时______________。（连续）

（6）田中不知道怎么去书城，______________。（跟着）

5 用指定的词语填空

词语：挤满、在……中、人均、来自、离、跟着、位于、一……就……、排起、连续、打折

深圳书城______中信大厦的对面，______罗湖火车站和东门商业街都不太远。很多人______有时间______到书城去逛逛，看看有什么自己喜欢的新书。

______买书的人群______，有很多是孩子，特别是放假（fàngjià, to have a holiday）的时候，很多孩子都______爸爸妈妈到书城去。所以书城里常常______了看书或（huò, or）买书的人群。收银台的前面也经常会______长长的队伍。

每年的十一月，是深圳的“读书节”。那时候______全国各地的很多新书来参加书展（shūzhǎn, book fair），有些书可以______，所以买书的人就更多了。

据统计，深圳的______购书额，______十年是全国第一。

6 根据课文回答问题

（1）深圳书城在哪儿？

____

（2）喜欢书的人一找到自己喜欢的书，会怎么样？

____

（3）书城买书的人多吗？他们怎么排队？

____

（4）香港和澳门的人为什么喜欢来深圳书城买书？

____

六、阅读 Reading

在深圳买书

在深圳，现在买书真是太方便了，市区各条街道（jiēdào，street）上都有书摊儿，如果你不想出门，还能在互联网（hùliánwǎng，internet）上订购（dìnggòu，to order）书。

小书店和书摊儿上卖的书一般不齐全（qíquán，complete），但是这些地方的书大部分（dàbùfen，great majority）都可以打折，价格比较便宜。如果想买专业方面的书，那就要去书城了，那里的书比较齐全，但是不打折。

很多香港人和澳门人喜欢来书城买书。他们感到这里的书很便宜，可是深圳市民觉得（juéde，to feel）书价太贵，而且是越来越贵。但是深圳人的人均购书额是全国第一的。

问题

（1）在深圳，市民可以在什么地方买到自己（zìjǐ，oneself）喜欢的书？

______

（2）要想买到比较便宜的书可以去什么地方买？

______

（3）想买专业方面的书，那就要去什么地方？为什么？

______

（4）为什么香港人和澳门人喜欢到书城买书？

______

Lesson Eleven

第十一课 七天长假期——黄金周

要点：

1. 而
2. 好几个
3. 就要……了
4. "桂林山水甲天下"
5. 不是……而是……

一、生词 New Words and Expressions

字词音频

1	逢	féng	动词 v.	to come upon, meet
2	一连	yīlián	副词 adv.	in a row
3	黄金周	huángjīnzhōu	名词 n.	golden week
4	辛勤	xīnqín	形容词 adj.	industrious
5	难得	nándé	形容词 adj.	rare
6	繁忙	fánmáng	形容词 adj.	busy
7	趁	chèn	介词 prep.	to take advantage
8	机会	jīhuì	名词 n.	opportunity
9	其他	qítā	代词 pron.	other
10	必	bì	副词 adv.	certainly, surely necessarily
11	景区	jǐngqū	名词 n.	scenic spot
12	期间	qījiān	名词 n.	period
13	人山人海	rénshānrénhǎi	成语 sph.	huge crowds of people
14	到处	dàochù	名词 n.	everywhere
15	充满	chōngmǎn	动词 v.	to be full of
16	欢声笑语	huānshēngxiàoyǔ	成语 sph.	happy laughters and cheerful voices
17	留	liú	动词 v.	to stay
18	享受	xiǎngshòu	动词 v.	to enjoy
19	人生	rénshēng	名词 n.	life
20	甲	jiǎ	名词 n.	to be first
21	卧铺	wòpù	名词 n.	sleeper
22	不得了	bùdéliǎo	形容词 adj.	terrible; desperately serious; disastrous
23	不是……而是……	bùshì……érshì……	词组 wg.	not…but…
24	内地	nèidì	名词 n.	inland
25	关	guān	名词 n.	customs

专有名词 Proper Names

1	国庆节	Guóqìng Jié	National Day
2	华侨城	Huáqiáochéng	Overseas Chinese town, the name of a place
3	世界之窗	Shìjiè zhī Chuāng	Window of the World, the name of a scenic spot
4	中国民俗文化村	Zhōngguó Mínsú Wénhuàcūn	China Folk Culture Village, the name of a scenic spot
5	锦绣中华	Jǐnxiù Zhōnghuá	Splendid China, the name of a scenic spot
6	欢乐谷	Huānlègǔ	Happy Valley, the name of a scenic spot
7	劳动节	Láodòng Jié	Labor Day
8	桂林	Guìlín	Guilin

二、课文 Text

课文音频　课文拼音

七天长假期——黄金周

每逢春节和“十一”国庆节，中国人都有一连七天的长假期——“黄金周”。对天天辛勤工作的人来说，这七天长假期是十分难得的。

深圳人特别爱旅游，假期一到，飞机场和火车站就是最繁忙的地方。不少深圳人会趁这个机会，到世界各地旅游；而[1]其他地方的游客也会来到深圳，游览一下这个美丽的城市。

深圳华侨城是游客们必到的地方。那儿有世界之窗、中国民俗文化村、锦绣中华、欢乐谷等好几个[2]景区。节日期间，天天人山人海，到处充满了欢声笑语。

当然，在长假期里也有一些人喜欢留在家中，看看书，听听音乐，休息休息。对他们来说，长假期是享受人生的好时间。

三、会话 Dialogues

1 在教室

会话1音频

小　王：田中，"五一"劳动节长假期就要到了[3]，你有什么打算？

田　中：我想去桂林玩。

小　王：六七天的时间去桂林玩最好了。

田　中：我听说"桂林山水甲天下"[4]，所以一直想去看看。小王，你去过吗？

小　王：去过一次。从深圳坐卧铺汽车，一个晚上就到桂林了，很方便。

田　中：太好了。

2 在宿舍

会话2音频

小　李：琳达，这个长假期你去哪儿玩了？

琳　达：去了香港。真不得了，人太多了！

小　李：香港人没有那么多天假呀？

琳　达：不是因为香港人放假，而是[5]因为内地游客太多。

小　李：是的，很多人跟旅行团去那儿玩。

琳　达：去香港那天，排队过关就花了4个小时！

四、要点注释 Notes to the Text

1 而

“而”是连词，多用于书面语。可以用于连接词语或者小句。常见的用法有：

（1）连接形容词。意思与“和”相当，表示前后两者同时具有。譬如：

少而精　大而全　年轻而漂亮　严肃而认真

（2）连接小句。意思与“然而、但是、却”相当，表示前后两者相对或者相反。譬如：

1）十一月北方已经开始下大雪，而深圳还是很暖和。
2）大卫已经习惯了这里的生活，而乔治还是不习惯。
3）她喜欢学中国历史，而我喜欢学中国经济。

2 好几个

形容词“好”常用在数量词、时间词或者形容词“多、久”的前面，强调数量大、时间久或者程度高。而数词仅仅限于“一、几”。譬如：

（1）这个教室里面有好几张桌子。
（2）我在深圳住了好几个月了。
（3）今天是国庆节，公园里有好多人。
（4）我们已经好久没有见过他们两个了。
（5）昨天大家等了你好一阵子，还是见不到你。

3 就要……了

“要……了”表示某事将要开始或者发生。前面可以加上“就、快”，表示时间紧迫。譬如：

（1）火车就要开了。
（2）明天就要开学了。
（3）国庆节快要到了。
（4）旅行团快要出发了。

4 “桂林山水甲天下”

“桂林山水甲天下”是对桂林风景的极度赞美。它的意思是“桂林的风景是世界上最好的”。其中“山水”说的是风景。“甲”在中文里是“第一”的意思，相当于英文中的A。“天下”指的是“世界”。

5 不是……而是……

词组“不是……而是……”用于表示判断的并列关系的复句中。“不是”用在第一分句，表示否定前者；“而是”用在第二分句，表示肯定后者。譬如：

（1）她不是坐火车，而是坐飞机去的北京。
（2）昨天去的不是世界之窗，而是欢乐谷。
（3）琳达买的不是书，而是词典。

五、练习 Exercises

1 辨字、注音并组成词（尽可能多组词语）

字	音	组词 1	组词 2	组词 3	组词 4
锦					
棉					

字	音	组词 1	组词 2	组词 3	组词 4
逢					
隆					

字	音	组词 1	组词 2	组词 3	组词 4
趁					
珍					

字	音	组词 1	组词 2	组词 3	组词 4
充					
允					

字	音	组词 1	组词 2	组词 3	组词 4
享					
亨					

字	音	组词 1	组词 2	组词 3	组词 4
卧					
外					

2 划线连词

人山	笑语
丰富	八门
五花	人海
欢声	多彩

享受	声调
请教	粤语
学习	人生
通行	问题

3 给下列动词加上宾语

例子：修建（一条）铁路
（一座）大桥
（一条）高速公路

（1）过______
______
______

（2）爱______
______
______

（3）趁______
______
______

（4）充满______
______
______

（5）享受______
______
______

（6）游览______
______
______

4 替换练习

（1）每逢	国庆节，	市民们	都	有长假期。
	春节，	很多中国人		到各地旅游。
	假期，	不少香港人		去桂林游玩。
	星期天，	我们		到书城买书。

（2）对	天天辛勤工作的人 来说，	七天长假期 是	十分难得的。
	学习汉语的外国人	汉语的声调	很难学的。
	各国留学生	学校的生活	非常愉快的。
	全国各地的游客们	世界之窗	有吸引力的。

（3）	假期 一到，	飞机场和火车站	就是最繁忙的地方。
	星期天	各个景区	充满了欢声笑语。
	黄金周	桂林	到处是游客。
	周末	书城	挤满了买书的人。

（4）	深圳人到各地旅游，而	各地游客会到这儿来游览。
	很多人喜欢欢乐谷，	我喜欢锦绣中华。
	乔治坐在椅子上看，	大卫坐在地上看。
	昨天过关花了10分钟，	今天花了半小时。

（5）	华侨城 有好几个	景区。
	一年	长假期。
	这个营业大厅	收银台。
	这条街	娱乐场所。

（6）	“五一”长假期 就要	到 了，	你有什么打算？
	乔治	回国	你去送他吗？
	火车	开	他们怎么还没来？
	旅游团	走	你看完了没有？

（7）不是 | 因为香港人放假，而是 | 因为内地游客太多。

不是	因为香港人放假，而是	因为内地游客太多。
	我不想去东门，	这个月我快没钱了。
	我不能吃辣的，	最近我上火了。
	老师没讲清楚，	我听不懂。

（8）

去香港那天，	排队过关	就	花了四个小时。
回美国，	买飞机票		六千块钱。
去桂林旅行，	坐飞机		三个多小时。
游民俗文化村，	吃午饭		两百五十块钱。

5 用指定的词语完成句子

（1）到深圳旅游，“世界之窗”________________。（必……的）

（2）在中国工作，汉语________________。（必……的）

（3）我今年去了桂林，________________。（不得了）

（4）坐卧铺汽车出去游玩，________________。（不得了）

（5）我每天学广州话________________。（花）

（6）这次购物我们________________。（花）

（7）春天的时候经常下雨，有时候________________。（一连）

（8）________________，我都留在家里听音乐。（一连）

（9）公司派我来中国，________________。（难得）

（10）这次他们去大牌档吃夜宵，________________。（难得）

6 用指定的词语填空

词语：难得、趁、对于……来说、到处、每逢、一连、打算、繁忙、人山人海、享受

黄金周就是______七天的长假期。______“十一”国庆节和春节，人们都会为这个______的假期做各种各样的______。

爱旅游的人会______这个机会到自己喜欢的地方或者城市去旅游，而且有越来越多的人选择（xuǎnzé，to select）出国游（chūguóyóu，to make a tour abroad）。不过，黄金周里各风景点的交通都非常______，______喜欢旅游的人______，可能有点儿不方便。而且几乎（jīhū，almost）每个景区都________，______挤满了人。

而有不少人喜欢留在家里，听听音乐，看看书，休息休息，他们觉得这也是一大______。

7 根据课文回答问题

（1）在中国，“黄金周”是什么意思？

____

（2）在长假期，深圳人一般会怎么去各地风景点旅游？

____

（3）请说说华侨城有哪些著名（zhùmíng，famous）的景区。

____

（4）除了旅游，有的人还会怎样过长假期？

____

六、阅读 Reading

黄金周

七天长假期的黄金周是从1999年的“五一”开始的，但是中国政府（zhèngfǔ，government）在2000年才宣布（xuānbù，to declare），每年的“五一”“十一”“春节”是一连7天的长假期。自2008年起，“五一”劳动节7天假期更改为3天。

在2000年第一个黄金周——国庆节的七天长假里，全中国国内旅游的人数达（dá，to reach）5 500万人次（réncì，person-time）；而2002年“十一”的第七个黄金周里，国内游客人数高达8 071万人，旅游收入（shōurù，revenue）达306亿（yì，a hundred million）元。

在2001—2003年七个黄金周期间，加（jiā，to add）起来国内游客人数有4.6亿多人次，旅游收入有1 831亿元。

问题

（1）黄金周是从什么时候正式（zhèngshì，formally）开始的？

____

（2）在中国，除了“十一”，还有哪几个黄金周？

____

（3）第七个黄金周的旅游收入有多少？

____

（4）七个黄金周的旅游收入一共有多少？

____

Lesson Twelve

第十二课 “我上电视了！”

要点：
1. 上电视
2. 点了点头
3. 先……接着…… 然后……最后……
4. 动词＋下去
5. 难怪
6. 换个不停

一、生词 New Words and Expressions

字词音频

1	声	shēng	名词 n.	sound，voice
2	鼓掌	gǔzhǎng	动词 v.	to applaud
3	微笑	wēixiào	动词 v.	to smile
4	电视台	diànshìtái	名词 n.	TV station
5	播放	bōfàng	动词 v.	to broadcast
6	节目	jiémù	名词 n.	programme
7	主持人	zhǔchírén	名词 n.	emcee
8	采访	cǎifǎng	动词 v.	to interview
9	高级班	gāojíbān	名词 n.	high-level class，advanced class
10	流利	liúlì	形容词 adj.	fluent
11	趣事	qùshì	名词 n.	an interesting story
12	感受	gǎnshòu	名词 n.	feeling
13	明智	míngzhì	形容词 adj.	sensible
14	决定	juédìng	名词 n.	decision
15	继续	jìxù	动词 v.	to continue
16	印象	yìnxiàng	名词 n.	impression
17	换	huàn	动词 v.	to change
18	台	tái	名词 n.	channel
19	足球	zúqiú	名词 n.	soccer，football
20	比赛	bǐsài	名词 n.	game，match
21	难怪	nánguài	副词 adv.	no wonder
22	体育台	tǐyùtái	名词 n.	sport channel
23	转播	zhuǎnbō	动词 v.	to rebroadcast
24	电视剧	diànshìjù	名词 n.	TV play
25	英文	yīngwén	名词 n.	English
26	新闻	xīnwén	名词 n.	news
27	听力	tīnglì	名词 n.	hearing
28	百分之……	bǎifēnzhī……	词组 wg.	...percent

专有名词 Proper Names

1	韦尔	Wéi'ěr	Weir, a person's name
2	明珠台	Míngzhū Tái	The Pearl, the name of a TV station
3	中央电视台	Zhōngyāng Diànshìtái	CCTV, the name of a TV station

二、课文 Text

课文音频　课文拼音

"我上电视了！"

"我上电视[1]了！"早上，韦尔一进教室就高声说。同学们听说后都大声地为他鼓掌，老师也微笑地对他点了点头[2]。

昨晚，电视台播放了一个关于外国留学生的节目。节目中主持人采访了正在学习汉语的高级班学生韦尔，请他谈谈他的学习和工作情况。

韦尔用流利的汉语，先简单地介绍了一下自己，接着就高兴地谈起了在深圳的趣事和感受，然后又说到他的中国老师和同班同学，最后[3]韦尔说："我很喜欢这座城市。我觉得来深圳学习和工作是我最明智的决定。我希望在这儿继续生活下去[4]。"

虽然节目只有二十分钟，但是可以看出特区给留学生们的印象是很好的。

三、会话 Dialogues

1 在宿舍

会话1音频

田　中：小王，你不停地换台，想看什么节目啊？
小　王：想看足球比赛。
田　中：你们这儿能看到多少个台啊？
小　王：三十多个吧。
田　中：这么多啊，难怪[5]你换台换个不停[6]了。
小　王：啊，找到了！体育台正在转播呢！

2 在宿舍

会话2音频

小　李：琳达，看什么电视呢？
琳　达：明珠台的电视剧。
小　李：你一般都看英文台吧？
琳　达：有时也会看中央电视台的新闻，练习一下汉语听力。
小　李：听得怎么样？
琳　达：大概能听懂百分之六十吧。

四、要点注释 Notes to the Text

1 上电视

“上电视”中的“上”是动词，它的意思是“出现、登载”。“上电视”就是“在电视节目中出现”。类似的用法是“上报”，意思是“登载在报纸上”。

2 点了点头

“点了点头”是离合动词“点头”的重叠形式的一种，表示动作已经完成。其重叠形式是“A + 了 + A + B”。譬如：

（1）在昨晚的晚会里，他俩跳了跳舞就走了。
（2）韦尔在节目里说了说自己的感受，谈了谈生活的情况。
（3）琳达听了听中央电视台的新闻，说大概听懂了百分之六十。

3 先……接着……然后……最后……

“先……接着……然后……最后……”是表示四件事情或者动作按照时间顺序的先后发生。譬如：

（1）你必须先填表，接着拍照，然后付钱，最后才能拿证件。
（2）我们要先排队，接着点名，然后上车，最后才能出发。
（3）到医院要先挂号，接着看病，然后结账，最后才拿药。

4 动词 + 下去

“动词 + 下去”的结构原来的意思是：表示人和事物由高处向低处，由上往下，而动作背着说话者（所在地）。譬如：

（1）琳达从楼梯上走下去。
（2）请大家不要丢垃圾下去。
（3）你们的手要放下去。

而在本课里，“动词＋下去”结构的引申意思是：动作仍然继续。如果此结构中间嵌入否定词“不”，变为“动词＋不＋下去”，就表示无法继续。譬如：

（1）请你说下去。（继续说）
（2）我很愿意在这儿工作下去。（继续工作）
（3）人都走了，研究工作做不下去了。（无法继续做）

5 难怪

副词“难怪”的意思是：明白了原因，不再觉得奇怪。它的用法如下：

（1）后面连接形容词词组，形容词前面常有表示程度的词语“这么”或者“那么”，例如：

1）教室里在考试，难怪那么静。
2）隔壁在开舞会，难怪这么吵。
3）今天的菜难怪那么甜，你放糖了。

（2）后面连接动词词组，例如：

1）他学了三年汉语，**难怪**说得那么好。
2）你唱得太好了，**难怪**记者来采访你。
3）小王爱看体育比赛，**难怪**换台换个不停。

（3）后面连接主谓词组，例如：

1）卡佳是俄罗斯人，**难怪**她的俄罗斯舞蹈跳得那么好。
2）这位同学刚刚来，**难怪**大家都不认识他。
3）**难怪**教室那么干净，他们刚刚打扫过呢！

“难怪”和“怪不得”的意思是相同的。

6 换个不停

“换个不停” 意思是“不停地换”。它的结构是“动词＋个＋不停”。类似的例子还有：

（1）你怎么整天东西**吃个不停**。（不停地吃东西）
（2）她今天晚上**说个不停**。（不停地说话）
（3）不知为什么，这几天雨**下个不停**。（不停地下雨）

五、练习 Exercises

1 辨字、注音并组词（尽可能多组词语）

字	音	组词1	组词2	组词3	组词4
鼓					
故					

字	音	组词1	组词2	组词3	组词4
微					
征					

字	音	组词1	组词2	组词3	组词4
播					
摸					

字	音	组词1	组词2	组词3	组词4
采					
菜					

字	音	组词1	组词2	组词3	组词4
换					
免					

字	音	组词1	组词2	组词3	组词4
转					
传					

2 划线连词

流利的	决定
一般的	新闻
简单的	印象
明智的	英语

练习	场所
转播	老师
采访	听力
转换	比赛

3 组词成句

（1）关于　节目　播放　一　了　的　电视台　生活　个　留学生

____

（2）汉语　正在　韦尔　情况　学习　自己　谈　的

____

（3）都　听　每天　中央　新闻　我　练习　电视台　听力　的

____

（4）正在　深圳　比赛　足球　转播　体育台

____

4 用指定的词语完成句子

（1）a. 你看电视这么多，______________。（难怪）

b. 你听中央电视台的新闻这么多，__________。（难怪）

c. 你住在特区这么久，______________。（难怪）

（2）a. 想起了过去的趣事，大卫______________。（谈个不停）

b. 田中刚从桂林回来，______________。（说个不停）

c. 卡佳是俄罗斯人，______________。（跳个不停）

（3）a. 今天过关很快，我们______________。（排了排队）

b. 虽然马克汉语说得还不行，________________。（鼓了鼓掌）

c. 金正元，________后来什么书也没买就走了。（看了看书）

（4）a. 明珠台的英文电视剧____________________。（百分之五十）

b. 只要有______________________，我都会努力。（百分之一）

c. 空气湿度__________，人会感到很不舒服。（百分之九十）

（5）a. _________________________，你会听懂英语新闻。（听下去）

b. 汉字比较难，______________________________。（学不下去）

c. 如果_________________，你的中文会越说越好。（住下去）

5 模仿例句的结构说两个句子

例句：

韦尔用流利的汉语，先简单地介绍了一下自己，接着就高兴地谈起了在深圳的趣事和感受，然后又说到他的中国老师和同班同学，最后韦尔说："我很喜欢深圳。"（先……接着……然后……最后……）

____

____

____

6 根据课文回答问题

（1）同学们为什么大声地为韦尔鼓掌？

____

（2）谁采访了韦尔？请他谈什么？

____

（3）韦尔在电视节目里谈了什么？

____

（4）二十分钟的节目告诉我们什么？

____

六、阅读 Reading

深圳的电视节目

深圳特区刚成立（chénglì，to be established）的时候，没有电视台，市民只能看香港的电视节目。那时香港台有粤语的翡翠（fěicuì，jadeite）台以及英文的明珠台。

后来，深圳发展起来了，开始有了自己的电视台。电视频道（píndào，channel）起先只有一个，后来有了八个。由于有了有线（yǒuxiàn，cable）电视，从2002年10月开始，深圳市民可收看（shōukàn，to receive）到的电视节目已经增加到了一百多套。其中，中央电视台有十六套节目，广东电视台有十套节目，另外还有全国其他各省（shěng，province）市的电视节目。而香港电视还增加了凤凰（fènghuáng，phoenix）台呢！

随着（suízhe，along with）电视节目的增多，深圳市民的文化（wénhuà，culture）生活变得越来越丰富多彩了。

判断对错

（1）深圳特区刚成立的时候深圳人只喜欢看香港电视。（　　）

（2）从2002年10月开始，深圳市民可收看中央电视台了。（　　）

（3）有线电视让（ràng，to let）深圳人收看到了42套电视节目。（　　）

（4）在深圳通过有线电视，市民可以看到十二套广东电视节目。（　　）

（5）现在在深圳能看到全国很多省市的电视频道了。（　　）

Lesson Thirteen

第十三课 我的风筝也飞起来了

要点：

1. 动词 + 进来 / 进去
2. 向
3. 不管……还是……都……
4. 不禁 + 动词
5. 不然

一、生词 New Words and Expressions

字词音频

1	大自然	dàzìrán	名词 n.	nature
2	风筝	fēngzheng	名词 n.	kite
3	篇	piān	量词 mw.	a measure word
4	报道	bàodào	名词 n.	news report
5	建议	jiànyì	动词 v.	to suggest
6	向	xiàng	介词 prep.	towards
7	不管	bùguǎn	连词 con.	no matter
8	晴朗	qínglǎng	形容词 adj.	sunny
9	天空	tiānkōng	名词 n.	sky
10	各式各样	gèshìgèyàng	词组 wg.	all kinds of
11	从容	cóngróng	形容词 adj.	unhurried
12	线	xiàn	名词 n.	thread
13	显然	xiǎnrán	形容词 adj.	obvious
14	好手	hǎoshǒu	名词 n.	good hand, master
15	感染	gǎnrǎn	动词 v.	to influence, to infect
16	不禁	bùjīn	副词 adv.	can't help
17	喊	hǎn	动词 v.	to shout
18	喂	wèi	叹词 interj.	hello, hey
19	安排	ānpái	名词 n.	arrangement
20	约	yuē	动词 v.	to make an appointment
21	保龄球	bǎolíngqiú	名词 n.	bowling
22	搞	gǎo	动词 v.	to do
23	不然	bùrán	连词 con.	otherwise
24	赞成	zànchéng	动词 v.	to agree

专有名词 Proper Names

1	深圳晚报	Shēnzhèn Wǎnbào	Shenzhen Evening News
2	张兰	Zhāng Lán	Zhang Lan, a Chinese female name
3	荔香公园	Lìxiāng Gōngyuán	Lixiang Park
4	梧桐山	Wútóng Shān	Wutong Hill
5	大梅沙	Dàméishā	Dameisha, the name of a place

二、课文 Text

课文音频　课文拼音

我的风筝也飞起来了

“越来越多的深圳人喜欢走进大自然，放风筝是他们喜爱的活动之一……”琳达正看着《深圳晚报》上的一篇报道，张兰走了进来[1]。“琳达，今天天气不错，风也比较大，我们去放风筝吧！”张兰建议说。

她们俩向[2]学校附近的荔香公园走去。公园里，人可真不少。不管大人还是孩子，都[3]在放着自己喜爱的风筝。晴朗的天空中，飞着各式各样、大大小小的风筝，真是好看极了。

不远的地方，一个七十多岁的老人正从容地放着手中的线，他的风筝飞得最高，显然是一个好手。这时好几个七八岁的孩子向她们身边跑来，也在学着放风筝呢！

琳达受到了感染，不禁[4]举起手中的风筝跑了起来。她一边跑一边喊：“快看，我的风筝也飞起来了！”

三、会话 Dialogues

1 打电话

会话1音频

小　张：喂，韦尔吗？我是小张啊！

韦　尔：小张，你好！这个周末有什么好安排？

小　张：我打电话给你，就是想约你明天去打保龄球的。

韦　尔：好啊！我也好久没打保龄球了。

小　张：那么，明天早上十点，在华侨城保龄球馆门口见面，好吗？

韦　尔：好，我一定去。明天见！

2 在教室

会话2音频

大　卫：田中，这个周末，咱们班同学搞个活动吧？

田　中：好啊。去哪儿玩呢？

大　卫：去爬梧桐山，怎么样？

田　中：天气太热了吧？

大　卫：不然[5]，就去大梅沙！

田　中：海边？好极了，我赞成！

四、要点注释 Notes to the Text

1 动词 + 进来 / 进去

“进来”和“进去”可以用作趋向动词，放在动作动词的后面，构成“动词 + 进来 / 进去”的格式，表示动作的方向。

“动词 + 进来”的结构和“动词 + 来”一样，表示动作的方向朝着说话者，而说话者是在某个空间里。譬如：

（1）请你走进来。（说话者在一个空间里面）
（2）学生们都跑进来了。（说话者在一个空间里面）
（3）妈妈把饭菜都拿了进来。（说话者在一个空间里面）

“动词 + 进去”的结构和“动词 + 去”一样，表示动作的方向背向说话者，而说话者在某个空间外。譬如：

（1）请你走进去。（说话者在一个空间外面）
（2）学生们都跑进去了。（说话者在一个空间外面）
（3）妈妈把饭菜都拿了进去。（说话者在一个空间外面）

如果要表示动作已经完成，“了”放在主要动词后。譬如：

（1）她走了进去。
（2）学生们都跑了进去。
（3）妈妈把饭菜都拿了进去。

如果要表示状态已经发生或者已经存在，“了”放在趋向动词后。譬如：

（1）她走进去了。
（2）学生们都跑进去了。
（3）妈妈把饭菜都拿进去了。

2 向

介词“向”常常和名词、代词或者名词词组组合，放在动词的前面，构成“向 + 名词 / 代词 / 名词词组 + 动词”的结构，表示动作的方向。譬如：

（1）火车向北京开。（向 + 名词）
（2）琳达向我喊道：“快看，我的风筝也飞起来了！”（向 + 代词）
（3）大家都向放风筝的老大爷说：“你的风筝做得漂亮极了。”（向 + 词组）

“向 + 名词 / 代词 / 名词词组”的结构也可以放在动词的后面，构成“动词 + 向 + 名词 / 方位词 / 名词词组”的结构。但这类动词仅仅限于“飞、走、跑、跳、爬、流、通”等具有方向性的单音节行为动词。譬如：

（1）风筝都飞向蓝天。（动词 + 向 + 名词）
（2）条条道路都通向罗马。（动词 + 向 + 名词）

（3）小河都流向东面了。（动词＋向＋方位词）

（4）所有的人都走向荔香公园的大草坪。（动词＋向＋名词词组）

3 不管……还是……都……

词组“不管……还是……都……”所强调的是“任何事物都必须具有的共同行为”或者“在任何情况下都必须做的行为”。

“不管……还是……”用在第一个分句，强调所有的事物；“都”用在第二分句，指出共同的毫无例外的结果。譬如：

（1）不管中国学生还是外国留学生，都要学英语。（任何学生）

（2）不管平时还是假日，我们都要上班。（任何时间）

（3）不管刮风还是下雨，学生都要来上课。（任何天气）

（4）不管天气寒冷还是炎热，农民们都要下地干活。（任何气候）

4 不禁＋动词

“不禁＋动词”的结构表示“不由自主地，无法控制自己地，自然而然地做某事”。譬如：

（1）看到这么美丽的风景，游客们不禁欢呼起来。

（2）听到自己国家的音乐，美国留学生不禁唱了起来。

（3）看到韦尔的保龄球打得那么好，我不禁大声叫好。

（4）知道我上了电视的好消息，大家不禁都大声地为我鼓掌。

5 不然

“不然”是连词，用于引出相关的情况（后果）或者别的选择。经常用于连接小句，意思是：如果不这样，否则。譬如：

（1）你得起床了，不然就赶不上飞机了。（后果）
（2）我们也去爬梧桐山吧，不然他们会不高兴的。（后果）
（3）你今天又没有安排？不然去打保龄球吧。（选择）
（4）我大约半个小时以后再打电话给你，不然你打过来。（选择）

“不然”经常和“……的话”连用，构成词组“不然……的话”，两者意思和用法都一样。

五、练习 Exercises

1 辨字、注音并组成词（尽可能多组词语）

字	音	组词 1	组词 2	组词 3	组词 4
篇					
遍					

字	音	组词 1	组词 2	组词 3	组词 4
提					
题					

字	音	组词1	组词2	组词3	组词4
晴					
情					

字	音	组词1	组词2	组词3	组词4
感					
想					

字	音	组词1	组词2	组词3	组词4
约					
幻					

字	音	组词1	组词2	组词3	组词4
赞					
暂					

2 划线连词

晴朗的	风筝
附近的	决定
明智的	天空
喜爱的	公园

爬	风筝
搞	梧桐山
放	保龄球
打	活动

3 替换练习

(1) 放风筝 是 他们 喜爱的活动之一。

放风筝	是	他们	喜爱的活动之一。
打保龄球		张兰和她的朋友	
爬梧桐山		我们班	
出门旅游		深圳市民	

(2) 她们俩 向 学校附近的荔香公园走 去。

她们俩	向	学校附近的荔香公园走	去。
几个孩子		他们身边跑	
大大小小的风筝		蓝（lán，blue）天飞	
同学们		梧桐山山顶（dǐng，summit）爬	

(3) 不管 大人 还是 孩子，都在 放着风筝。

不管	大人	还是	孩子，	都在	放着风筝。
	老师		学生，		看新闻。
	老（lǎo，old）人		孩子，		看书写字。
	男（nán，male）人		女人，		认真工作。

(4) 琳达 受到了感染，不禁 举起手中的风筝跑 起来了。

琳达	受到了感染，不禁	举起手中的风筝跑	起来了。
同学们		高兴地谈	
游客们		快乐地笑（xiào，to laugh）	
主持人		大声叫（jiào，to cry）	

（5）

她	一边	跑	一边	喊。
她		看报纸		听音乐。
卡佳		看电视		吃东西。
乔治		做饭		看足球比赛。

（6）

晴朗的天空中，	飞着	大大小小的风筝。
书城的大厅里，	站着	许许多多买书的人。
收银台前，	排着	长长的队伍。
书摊上，	挤着	很多当地的学生。

4 组词成句

（1）放　越来越　是　的　风筝　活动　多　喜爱　的　之一　人

____

（2）每天　琳达　看　有　都　各　中文　习惯　的　种　报纸

____

（3）个　从容　老人　正　中　放着　地　手　线　的　一

____

（4）几　向　好　他们　孩子　跑　来　个　身边

____

5 用指定的词语完成句子

（1）卡佳看到桂林的风景这么漂亮，__________。（不禁）

（2）如果你想在黄金周出去旅行，要早（zǎo，early）点儿决定，________________。（不然）

（3）在东门老街（lǎojiē，old town），________________。（各式各样）

（4）晴朗的天空中飞着________________。（大大小小）

（5）我问了三次，他没有回答（huídá，to answer），________________。（显然）

（6）看到每个人都玩得那么高兴，________________。（受……感染）

（7）我喜欢爬山，可以________________。（一边……一边……）

（8）他的建议，________________。（赞成）

6 选择适当的词填空

（1）今天天气很好，所以我________全班同学一起搞活动。

A. 请　B. 要　C. 想　D. 建议

（2）我最喜欢秋天，因为天气________，实在太舒服了！

A. 好看　B. 晴朗　C. 干燥　D. 凉爽

（3）他的好心情（xīnqíng，emotion）________了每个人，大家都很快乐。

A. 充满　B. 感受　C. 娱乐　D. 感染

（4）大家都________黄金周一起去四川旅行。

A. 约　B. 赞成　C. 号召　D. 安排

7 根据课文回答问题

（1）琳达在看什么报纸？报道里说了什么？

____

（2）张兰和琳达在公园里看到了什么？

____

（3）公园里放风筝的那位老人是怎么样的？

____

（4）琳达的风筝放得怎么样？

____

六、阅读 Reading

风筝的历史

很多国家的人都喜欢放风筝，尤其是在天气晴朗的秋天，有风的日子。但是你知道中国人放风筝的历史（lìshǐ，history）吗？

在中国，人们放风筝的活动已经有2 000多年了。最早的时候，人们把风筝使用在战争（zhànzhēng，war）中，用来传递（chuándì，to transfer）消息（xiāoxi，information）。后来不管是在中国的南方还是在北方，放风筝慢慢（màn，slowly）变（biàn，to change）成了大家喜爱的娱乐活动，尤其是用来迎接（yíngjiē，to meet）春天的到来。

现在，人们在任何天气好的时间都会去放风筝。每年4月20日—25日中国山东省的潍坊（Wéifāng）市还会举办潍坊国际风筝节。各国的风筝爱好者（àihàozhě，amateur）都会聚在一起比比谁的风筝漂亮，谁的风筝飞得最高呢！

问题

（1）人们一般喜欢什么时候去放风筝？

（2）你知道中国人放风筝的历史有多长吗？

（3）中国人最早把风筝用在什么地方？

（4）现在人们放风筝主要为了什么？

（5）你知道什么地方、什么时候有国际风筝节？

Lesson Fourteen

第十四课 高科技之光

要点：

1. 高交会
2. 受 + 动词
3. 可能补语（二）：“动词 + 得了 / 不了”
4. 让
5. 相当

一、生词 New Words and Expressions

字词音频

1	引人注目	yǐnrénzhùmù	成语 sph.	striking，eye-catching，conspicuous
2	技术	jìshù	名词 n.	technology
3	成果	chéngguǒ	名词 n.	achievement
4	交易会	jiāoyìhuì	名词 n.	trade fair
5	举行	jǔxíng	动词 v.	to hold
6	广泛	guǎngfàn	形容词 adj.	extensive
7	关注	guānzhù	动词 v.	to pay close attention to
8	高科技	gāokējì	名词 n.	high-technology
9	增进	zēngjìn	动词 v.	to enhance
10	交流	jiāoliú	动词 v.	to exchange
11	重视	zhòngshì	动词 v.	to think highly of，to take sth. seriously
12	产业	chǎnyè	名词 n.	industry
13	设	shè	动词 v.	to set up
14	基地	jīdì	名词 n.	base
15	办	bàn	动词 v.	to manage
16	研究	yánjiū	动词 v.	to study
17	产品	chǎnpǐn	名词 n.	product
18	开发	kāifā	动词 v.	to develop
19	贡献	gòngxiàn	名词 n.	to contribute
20	上网	shàngwǎng	动词 v.	to be on line
21	网址	wǎngzhǐ	名词 n.	website address
22	不了	bùliǎo	词组 wg.	not manage to
23	电子	diànzǐ	名词 n.	electron
24	相当	xiāngdāng	副词 adv.	rather

专有名词 Proper Names

1	深圳会展中心	Shēnzhèn Huìzhǎn Zhōngxīn	Shenzhen Convention & Exhibition Center
2	中国国际高新技术成果交易会	Zhōngguó Guójì Gāoxīn Jìshù Chéngguǒ Jiāoyìhuì	China International Hi-tech Fair
3	清华大学	Qīnghuá Dàxué	Tsinghua University

二、课文 Text

课文音频　课文拼音

高科技之光

在深圳滨河大道上，有一排现代风格的建筑——深圳会展中心，十分引人注目，那就是中国国际高新技术成果交易会展览馆。

每年在这里举行的高交会[1]，受[2]到国内外的广泛关注。除了中国的企业外，许多外国的公司也都来参加。高交会体现了中国高科技的水平，也增进了中外高科技的交流。

深圳市政府一直非常重视高新技术产业的发展，深圳高新技术产业园区就设在深圳大学附近。园区里有许多国内外的高新技术企业。它已经成为高新技术产业的重要基地。

北京大学、清华大学等著名大学，也把高科技企业办到了深圳。它们正在为中国高科技的研究和新产品开发做出贡献。

三、会话 Dialogues

1 在宿舍

会话1音频

田　中：小王，你正忙呢？

小　王：我在上网。你有什么事吗？

田　中：上次你说现在能上网购书了，能给我个网址吗？

小　王：可以，给你。

田　中：谢谢。我要帮几个朋友买书，买得比较多，自己拿不了[3]。

小　王：对，让[4]他们送过来，方便多了。

2 在校园

会话2音频

李老师：金正元，你们那家韩国公司是做什么的？

金正元：主要是做电子产品开发。

李老师：你们打算在深圳办公司？

金正元：对，他们派我来先看看情况。

李老师：深圳的投资条件是相当[5]不错的。

金正元：是啊，所以这里有不少韩国公司呢！

四、要点注释 Notes to the Text

1 高交会

“高交会”是“中国国际高新技术成果交易会”的缩略语。中文常用缩略的方法去简化比较长的词组。经过缩略的词语常常由两三个汉字组成，可以看作是一个词。常见的缩略方法是：

（1）在这个词组中抽出几个具有代表性的字（词素）组成一个新的词语。譬如：

深圳大学→深大
北京大学→北大

（2）在这个词组中抽出具有代表性的词。譬如：

清华大学→清华
地王大厦→地王

（3）在这个词组中抽出具有代表性的词和字（词素）组成一个新的词语。譬如：

中央电视台→中央台
中国民俗文化村→民俗村/民俗文化村

2 受+动词

动词“受”的基本意思如下：

（1）接受。譬如：“受礼”“受益”。
（2）遭到。譬如：“受苦”“受灾”。
（3）被。譬如：“受骗”“受伤”。

“受”还经常和“到”连用，并在后面带上其他动词。如“受（到）关注”“受（到）表扬”“受（到）称赞”“受（到）批评”“受（到）欢迎”“受（到）感动”“受（到）鼓舞”等。譬如：

（1）这种高科技产品很受大家的欢迎。
（2）高新技术受到中外企业的广泛关注。
（3）老人放风筝的技术受到许多人的称赞。

3 可能补语（二）：“动词＋得了/不了”

“了”（liǎo）可以和“得”或者“不”结合，构成词组“得了”或者“不了”，用在动词后面。

“动词＋得＋了”的意思表示“可能”或者“能够”做某事，相当于“能（够）＋动词”“可以＋动词”。有时包含有“全部做”或者“做完”的意思。譬如：

（1）小王明天来得了吗？＝小王能（可以）明天来吗？
（2）这么多新产品你买得了吗？＝这么多新产品你能（可以）全都买吗？
（3）这么多同学的名字他记得了。＝这么多同学的名字他能（可以）全都记得。

“动词＋不＋了”的意思表示“不可能”或者“不能够”做某事，相当于“不能（够）＋动词”“无（没）法＋动词”。有时包含有“不可能全部做”或者“无法做完”的意思。譬如：

（1）小王明天来不了。= 小王明天不能来。

（2）这么多新产品我买不了。=这么多新产品我没法都买。

（3）这么多同学的名字他记不了。= 这么多同学的名字他没法都记得。

4 让

"让"用作介词时，后面跟着主要动词，构成"让 + 介词宾语 + 动词"的结构，意思是"请（叫、要）某人做某事"。"让"的这种用法主要出现在口语中。譬如：

（1）让爸爸对他去说吧。=请（叫、要）爸爸对他去说吧。

（2）让商店送电视机到你家。=要（请、叫）商店送电视机到你家。

（3）让主持人先介绍一下自己。=叫（请、要）主持人先介绍一下自己。

5 相当

"相当"用作副词时，常常放在形容词的前面，组成"相当 + 形容词"的结构，表示程度高。但程度比"很 + 形容词"略低一些。譬如：

（1）乔治的汉语，老师们相当满意。

（2）这个产品的生产技术相当高。

（3）每年来看展览会的人相当多。

五、练习 Exercises

1 辨字、注音并组词（尽可能多组词语）

字	音	组词 1	组词 2	组词 3	组词 4
群					
裙					

字	音	组词 1	组词 2	组词 3	组词 4
成					
城					

字	音	组词 1	组词 2	组词 3	组词 4
增					
赠					

字	音	组词 1	组词 2	组词 3	组词 4
重					
童					

字	音	组词 1	组词 2	组词 3	组词 4
基					
其					

字	音	组词 1	组词 2	组词 3	组词 4
研					
开					

2 划线连词

流利	关注		举行	贡献
连续	开发		增进	水平
广泛	统计		做出	会议
努力	介绍		体现	交流

3 写出下列词语的缩略语

（1）北京大学＿＿＿＿＿＿＿＿＿＿＿＿＿＿＿＿

（2）清华大学＿＿＿＿＿＿＿＿＿＿＿＿＿＿＿＿

（3）深圳电视台＿＿＿＿＿＿＿＿＿＿＿＿＿＿＿

（4）广州—深圳高速公路＿＿＿＿＿＿＿＿＿＿＿

（5）中国国际高新技术成果交易会＿＿＿＿＿＿＿

4 替换练习

（1）高交会，受到国内外的广泛关注。

高交会，	受到	国内外	的广泛	关注。
高新技术产业，		政府		重视。
深圳的投资条件，		企业家		赞赏。
这种电子产品，		大家		欢迎（huānyíng，to welcome）。

（2）除了中国的企业外，许多外国的公司也都来参加。

除了	中国的企业	外，	许多外国的公司	也都来	参加。
	这家公司		不少合资企业		开发新产品。
	深圳大学		其他著名大学		参加了交流。
	中央台		其他省市台		采访了他。

（3）

市政府	一直	非常重视	高新技术产业的发展。
清华大学		非常关注	高新技术的研究。
体育台		很喜欢转播	足球比赛。
主持人		很注意 （zhùyì，to take note to）	自己的发音。

（4）

他们	正在为	新产品的开发做出贡献。
各个景区		迎接游客做出新安排。
果农们		庆祝“荔枝节”在街上摆摊子。
老师		上听力课做准备（zhǔnbèi，to prepare）。

（5）

我买的书	比较	多，	一个人	拿	不了。
今天买的荔枝		多，		吃	
你做的风筝		大，		放	
电子产品的开发		难，		做	

（6）

让	他们送过来，	方便	多了。
	朋友帮个忙，	容易	
	主持人先介绍一下，	清楚	
	大家唱起歌来，	热闹	

（7）

他们	派	我	来	先看看情况。
公司		她	来	介绍一下产品。
电视台		他们	去	采访高交会。
政府		留学生	去	学习高新技术。

5 用指定的词语完成句子

（1）中国国际高新技术成果交易会展览馆________________。（引人注目）

（2）每年举行的高交会可以________________。（增进）

（3）当地市政府一直________________。（重视）

（4）我的专业不是电子________________。（做不了）

（5）我听说荔枝很好吃，所以________________。（一直）

（6）高科技的研究和新产品开发________________。（重要）

（7）我觉得深圳的投资环境________________。（相当）

6 根据课文回答问题

（1）高交会的全称（quánchēng，full name）是什么？

____

（2）高交会有什么作用（zuòyòng，function，effect）？

____

（3）深圳高新技术产业园设在哪儿？里面有些什么机构（jīgòu，institution）？

____

（4）哪些著名大学把高科技企业办到了深圳？

____

六、阅读 Reading

今天的高科技

今天，高科技已经改变（gǎibiàn，to change）了我们的生活。

生活中看得见的高科技首先是手机（shǒujī，mobile phone）。手机让人与人的交流变得越来越方便。它除了可以通话（tōnghuà，communicate by telephone）之外，还可以收（shōu，to receive）发（fā，to dispatch）短（duǎn，short）信息（xìnxī，message）。现在的手机价格越来越便宜，难怪越来越多的人都在使用。

还有就是互联网（hùliánwǎng，internet）。互联网对我们的生活产生了相当大的影响。今天上网已经成为我们生活的一部分。通过网上的电子邮箱（yóuxiāng，post box）收发的电子邮件（yóujiàn，mail）叫"伊妹儿"（yīmèir，E-mail）。"伊妹儿"在中文里看上去像一个女孩子的名字。据说这是最受欢迎的女孩子。

高科技把我们和世界的距离（jùlí，distance）拉得越来越近了。

判断对错

（1）高科技改变了我们今天的生活。（　　）

（2）手机既可以通话也可以发短信息。（　　）

（3）在互联网上可以写信给朋友。（　　）

（4）在中文里"电子邮件"代表一个女孩子的名字。（　　）

Lesson Fifteen

第十五课 深圳的春节

要点：

1. 多
2. 几乎
3. 回……去
4. 把……看成……
5. 动词＋下来
6. 逛花街，发红包

一、生词 New Words and Expressions

字词音频

1	四面八方	sìmiànbāfāng	成语 sph.	all around
2	几乎	jīhū	副词 adv.	almost
3	大都	dàdōu	副词 adv.	mostly
4	家乡	jiāxiāng	名词 n.	hometown
5	如今	rújīn	名词 n.	nowadays
6	成立	chénglì	动词 v.	to set up
7	逐渐	zhújiàn	副词 adv.	gradually
8	故乡	gùxiāng	名词 n.	hometown
9	甚至	shènzhì	连词 con.	even
10	打工	dǎgōng	动词 v.	to work
11	仔	zǎi	名词 n.	boy
12	按	àn	介词 prep.	according to
13	风俗	fēngsú	名词 n.	customs
14	红包	hóngbāo	名词 n.	a red paper envelope containing money as a gift, tip, or bonus
15	饺子	jiǎozi	名词 n.	dumpling
16	生意	shēngyì	名词 n.	business
17	葱头	cōngtóu	名词 n.	onion
18	水仙花	shuǐxiānhuā	名词 n.	narcissus
19	橘子	júzi	名词 n.	tangerine
20	吉	jí	形容词 adj.	luck
21	意味	yìwèi	动词 v.	to mean
22	吉利	jílì	形容词 adj.	lucky, auspicious
23	大吉大利	dàjídàlì	词组 wg.	to great luck, to make a fortune
24	恭喜	gōngxǐ	动词 v.	to congratulate
25	发财	fācái	动词 v.	to get rich

专有名词 Proper Names

1	深圳经济特区	Shēnzhèn Jīngjì Tèqū	Shenzhen Special Economic Zone
2	除夕	chúxī	Chinese New Year's Eve

二、课文 Text

课文音频　课文拼音

深圳的春节

深圳人大多来自四面八方。二十多[1]年前，每逢过春节，留在深圳过节的几乎[2]只有本地人。而从内地来这里工作的人们，大都回到他们的家乡去[3]了。那时候，深圳的春节不太热闹。

如今，深圳经济特区已经成立四十多年了，很多外地人都已经成了深圳人。他们在这里有了自己的家，也逐渐把深圳看成[4]是自己的第二故乡。过春节时，他们不再回家乡了，甚至连刚来打工不久的一些打工仔、打工妹，也都留了下来[5]。这些年，深圳的春节也变得越来越热闹。

在深圳过春节，大部分深圳人会按广东人的风俗，逛花街，发红包[6]；但你也会看到全国各地不同的风俗习惯，比如：有不少人在除夕夜吃饺子，这就是北方人的风俗。

三、会话 Dialogues

1 逛花街

会话1音频

田　中：这么多人逛花街，好热闹啊！

小　王：是啊，这是花农们一年之中生意最好的时候啊！

田　中：这是什么？像葱头一样。

小　王：这是水仙花的花头。

田　中：你看，那不是花，好像是树。上面还有很多黄色的果儿。

小　王：那是橘子树，广州话“橘”和“吉”的发音一样。橘子意味着吉利，买橘子树回家，新的一年会大吉大利。

2 去老师家拜年

会话2音频

大　卫：张老师，新年好！

张老师：是大卫啊，新年好！请进！

大　卫：（用粤语）恭喜发财（Kungheifatchoi，May you be happy and prosperous）！

张老师：你的粤语说得不错嘛！

大　卫：哪里，哪里！

张老师：来，大卫，老师给你一个红包，祝你新的一年学习进步！

大　卫：谢谢老师！

四、要点注释 Notes to the Text

1 多

形容词“多”常用做表示概数，意思是“超过（某一个整数的量）”，使用时要注意“多”的位置。

（1）“多”放在数词和量词的中间，构成“数词＋多＋量词”的结构。这是比较常见的用法。譬如：

十多个人　五十多斤　一百多年　两万多块

（2）“多”放在数词和量词的后面，构成“数词＋量词＋多”的结构。这种用法比较少。主要用于表达“分钟、刻钟、小时、星期、月”。譬如：

一刻多钟　一个多小时　三个多星期　十个多月

2 几乎

“几乎”表示“非常接近，差不多”的意思，后面可以跟动词、形容词或者名词。譬如：

（1）她说话声音太轻，几乎听不见。（几乎＋动词＋补语）
（2）乔治几乎比田中高一个头。（几乎＋介词结构＋形容词＋补语）
（3）你的发音几乎跟中国人一样。（几乎＋介词结构＋形容词）
（4）昨天的晚会上，几乎所有人都跳了舞。（几乎＋名词）

3 回……去

动词“回”可以直接带宾语。譬如：

（1）你怎么不回家乡过年？
（2）所有的老师都回办公室了。
（3）留学生们都回学校了。
（4）几乎所有的人都回家了。

但是如果动词“回”后面有趋向动词“来/去”，它的宾语就必须放在“回”和趋向动词“来/去”之间，构成“回+宾语+来/去”的结构。譬如：

（1）你怎么不回家乡来过年。
（2）所有的老师都回办公室来了。
（3）留学生们都回学校去了。
（4）几乎所有的人都回家去了。

4 把……看成……

“把A看成B”的意思是“A事物被说话者当作或者被认为是B事物”。譬如：

（1）来深圳的人都把深圳看成自己的家。
（2）广东人把逛花街看成最必要的春节活动之一。
（3）孩子们把春节收红包看成自己最重要的事情。

5 动词＋下来

“动词＋下来”和“动词＋下去”（参见十二课注释4）的结构与用法相同。

“动词＋下来”结构原来的意思是：表示人和事物由高处向低处，由上往下，而动作朝着说话者（所在地）。譬如：

（1）卡佳从楼梯上走下来。（说话者在低处）
（2）请你们不要丢垃圾下来。（说话者在低处）
（3）傍晚太阳逐渐沉了下来。（说话者在低处）

而在本课里，“动词＋下来”结构的引申意思是：表示动作的结果使得事物固定在某处或者动作完成了。譬如：

（1）那辆汽车停了下来。
（2）大家把自己的感受写下来。
（3）计划已经决定下来了。

6 逛花街，发红包

“逛花街”和“发红包”都是广东民间庆祝春节的习俗之一。

每年春节的前夕，很多城镇会开辟出一条大街，让花农们在街道的两旁摆卖各种各样的鲜花和适合家庭种植的寓意吉祥的树木（比如桃树、橘子树等）以及应节的物品。这条街被称为“花街”。而市民们大多会在除夕的年夜饭后，特意去逛花街，有的看花，有的买花。花街上常常是人头攒动，购销两旺，充满了节日欢乐的气氛。“逛花街”是广东人庆祝春节的一大重要活动，人人都希望鲜花给来年带来好运。花街在除夕十二点结束营业。

“红包”也叫作“压岁钱”，广州话称为“利是”（或者写作“利市”）。那是从春节第一天起，长辈给自己的或者是亲戚朋友的晚辈（一般是未婚的）的祝福款，寓意是：祝福孩子健康成长，祝愿事业兴旺发达，生活幸福美满。

普通话的“给一个红包”，广州话说“派一封利是”，因为广东人给红包一般放在一个精美的红色小纸包里，外形有点儿像一封信。

五、练习 Exercises

1 辨字、注音并组词（尽可能多组词语）

字	音	组词 1	组词 2	组词 3	组词 4
逐					
遂					

字	音	组词 1	组词 2	组词 3	组词 4
甚					
其					

字	音	组词 1	组词 2	组词 3	组词 4
按					
安					

字	音	组词 1	组词 2	组词 3	组词 4
桔					
吉					

字	音	组词 1	组词 2	组词 3	组词 4
恭					
共					

字	音	组词 1	组词 2	组词 3	组词 4
发					
拔					

2 划线连词

四面	习惯	过	花街
大吉	别致	吃	红包
新颖	八方	逛	春节
风俗	大利	发	饺子

3 替换练习

（1）深圳人 大多来自 四面八方。

深圳人	大多来自	四面八方。
打工仔		四川、湖南和江西。
产品		世界各国。
游客		香港和澳门。

（2）二十多年前，在深圳过春节的 几乎 只有本地人。

二十多年前，	在深圳过春节的	几乎	只有本地人。
三十多年前，	来这儿打工的		只有潮州人。
三天前，	在这儿摆摊儿的		都是新疆人。
一个小时前，	在那里上网的		都是留学生。

（3）从内地来这里工作的人们 大都 回家乡 了。

从内地来这里工作的人们	大都	回家乡	了。
刚才上网的同学		回宿舍	
这两年来留学的外国人		回国	
来这儿逛花街的人		回家	

（4）外地人 把 深圳 看成是 自己的第二故乡。

喜欢上网的人	互联网	自己生活的一部分。
孩子们	拿红包	新年里最开心的事情。
北方人	吃饺子	自己过年的风俗。

（5）大部分深圳人 会按 广东人 的风俗，逛花街，发红包。

大部分市民	当地	买橘子送朋友。
一部分北方人	家乡	过年吃饺子。
一部分学生	中国人	给老师拜年。

（6）这是 花农们 一年之中 生意最好 的时候。

孩子们	一年之中	得到红包最多
书城	三个月来	生意最好
各个风景点	近年来	游客最多

（7）那 不是 花， 好像是 树。

那	葱头，	水仙花。
这	橘子，	橙子（chéngzi，orange）。
这	广东风俗，	四川风俗。

（8）你的粤语 说 得 不错 嘛！

水仙花	长	很漂亮
橘子树	长	很大
春节	过	很开心

4 组词成句

（1）学习　一　年　你　新　祝　的　进步

____

（2）橘子　年　大吉　树　回　新　家　意味着　买　大利

____

（3）全国　春节　的　过　在　看到　习惯　不同　深圳　可以　各地　风俗

____

（4）第二　外地人　看成　逐渐　深圳　很多　的　是　把　自己　故乡

____

5 用指定的词语完成句子

（1）来深圳打工的人，____________。（几乎）

（2）今年的花街真长，____________。（几乎）

（3）留在深圳过春节，____________。（大都）

（4）大卫现在对广东的风俗很了解，____________。（甚至）

（5）今年春节，____________。（留下来）

（6）你刚刚学会放风筝，____________。（学下去）

（7）高交会受到广泛的关注，____________。（意味着）

（8）只要在这儿住下去，____________。（逐渐）

6 用指定的词语回答问题

（1）深圳的外地人是从什么地方来的？（四面八方）

（2）来中国以前，你学过汉语吗？（几乎）

（3）你刚才为什么不买水仙花？（把……看成……）

（4）你这个假期打算回国吗？（留下来）

（5）你知道当地人是怎么过春节的吗？（按……风俗）

（6）你知道广东人为什么过年要买橘子树吗？（意味着）

7 根据课文回答问题

（1）二十年前深圳的春节热闹吗？为什么？

（2）为什么现在很多打工仔、打工妹会留在深圳过年？

（3）广东过年的风俗有哪些？

（4）说说你知道的其他地方的过年风俗。

六、阅读 Reading

春节习俗

中国的春节保留（bǎoliú，to retain）了很多传统（chuántǒng，traditional）习俗（xísú，custom），比如：在除夕的晚上，一家人一定要团聚（tuánjù，to reunite）在一起吃年夜（niányè，the eve of the lunar year）饭。

大年初一（chūyī，the first day of the New Year），人们就开始拜年（bàinián，to pay New Year call）了。先给爷爷、奶奶、姥爷、姥姥拜年，然后给伯伯、叔叔、舅舅、阿姨拜年，最后再给其他亲戚朋友拜年。拜年的时候孩子们能得到红包，虽然有时拜年很累（lèi，tired），但是又是很快乐的。

在中国南方的很多地方，春节还有舞狮（wǔshī，to perform a lion dance）和舞龙（wǔlóng，to perform a dragon dance）活动，非常热闹。

问题

（1）说说你知道的中国春节的一种习俗。

（2）大年初一中国人是怎样拜年的？

（3）孩子们为什么喜欢过春节？

（4）说说你所了解的各个国家过节的习俗。

附录1 Appendix 1 全书课文与会话生词表 Vocabulary List of All Texts and Conversations

（续表）

序号	生词	拼音	课别	字母
1	安排	ānpái	13	A
2	按	àn	15	
3	把……当成……	bǎ……dàngchéng……	7	B
4	摆	bǎi	6	
5	百分之……	bǎifēnzhī……	12	
6	办	bàn	14	
7	傍晚	bàngwǎn	2	
8	保龄球	bǎolíngqiú	13	
9	报道	bàodào	13	
10	报名	bàomíng	8	
11	本科生	běnkēshēng	8	
12	比较	bǐjiào	8	
13	比如	bǐrú	5	
14	比赛	bǐsài	12	
15	必	bì	11	
16	必备	bìbèi	2	
17	闭路	bìlù	3	
18	变化	biànhuà	7	
19	便利	biànlì	3	
20	标准	biāozhǔn	1	
21	别	bié	9	
22	别的	biéde	3	
23	别致	biézhì	8	
24	并	bìng	2	
25	播放	bōfàng	12	
26	不但……而且……	bùdàn……érqiě……	4	
27	不是……而是……	bùshì……érshì……	11	
28	不得了	bùdéliǎo	11	
29	不管	bùguǎn	13	
30	不禁	bùjīn	13	
31	不了	bùliǎo	14	
32	不然	bùrán	13	
33	不如	bùrú	7	
34	不同	bùtóng	9	
35	采访	cǎifǎng	12	C
36	菜系	càixì	5	
37	菜肴	càiyáo	5	
38	餐厅	cāntīng	5	C
39	草地	cǎodì	4	
40	层	céng	10	
41	产品	chǎnpǐn	14	
42	产业	chǎnyè	14	
43	场	cháng	2	
44	场所	chǎngsuǒ	7	
45	潮湿	cháoshī	2	
46	趁	chèn	11	
47	成果	chéngguǒ	14	
48	成立	chénglì	15	
49	乘客	chéngkè	3	
50	城市	chéngshì	1	
51	充满	chōngmǎn	11	
52	出名	chūmíng	6	
53	出行	chūxíng	3	
54	除了	chúle	3	
55	创办	chuàngbàn	8	
56	葱头	cōngtóu	15	
57	从容	cóngróng	13	
58	打工	dǎgōng	15	D
59	打折	dǎzhé	7	
60	大都	dàdōu	15	
61	大吉大利	dàjídàlì	15	
62	大量	dàliàng	9	
63	大牌档	dàpáidàng	5	
64	大厅	dàtīng	10	
65	大型	dàxíng	7	
66	大自然	dàzìrán	13	
67	担心	dānxīn	9	
68	当地	dāngdì	9	
69	当然	dāngrán	8	
70	荡	dàng	4	
71	到处	dàochù	6	
72	道路	dàolù	3	
73	登记表	dēngjìbiǎo	4	
74	的士	díshì	3	

（续表）

序号	生词	拼音	课别	字母
75	地铁	dìtiě	3	D
76	点心	diǎnxin	5	
77	电视剧	diànshìjù	12	
78	电视台	diànshìtái	12	
79	电子	diànzǐ	14	
80	对面	duìmiàn	10	
81	队伍	duìwu	10	
82	多数	duōshù	7	
83	额	é	10	E
84	而	ér	8	
85	发财	fācái	15	F
86	发生	fāshēng	7	
87	发现	fāxiàn	5	
88	发音	fāyīn	9	
89	发展	fāzhǎn	1	
90	繁忙	fánmáng	11	
91	方面	fāngmiàn	10	
92	方言	fāngyán	9	
93	方音	fāngyīn	9	
94	房租	fángzū	4	
95	丰富	fēngfù	5	
96	丰富多彩	fēngfùduōcǎi	8	
97	风景点	fēngjǐngdiǎn	10	
98	风俗	fēngsú	15	
99	风味	fēngwèi	5	
100	风筝	fēngzheng	13	
101	逢	féng	11	
102	服装	fúzhuāng	7	
103	附近	fùjìn	4	
104	复印件	fùyìnjiàn	4	
105	复杂	fùzá	9	
106	干脆	gāncuì	10	G
107	干燥	gānzào	2	
108	感到	gǎndào	1	
109	感染	gǎnrǎn	13	
110	感受	gǎnshòu	12	
111	刚才	gāngcái	2	
112	高级班	gāojíbān	12	
113	高科技	gāokējì	14	
114	高速	gāosù	3	
115	搞	gǎo	13	
116	各	gè	1	
117	各式各样	gèshìgèyàng	13	
118	工具	gōngjù	3	

（续表）

序号	生词	拼音	课别	字母
119	恭喜	gōngxǐ	15	G
120	贡献	gòngxiàn	14	
121	够	gòu	10	
122	购物	gòuwù	7	
123	鼓掌	gǔzhǎng	12	
124	故乡	gùxiāng	15	
125	刮	guā	2	
126	挂	guà	6	
127	关	guān	11	
128	关于	guānyú	10	
129	关注	guānzhù	14	
130	观众	guānzhòng	4	
131	管理处	guǎnlǐchù	4	
132	广场	guǎngchǎng	7	
133	广泛	guǎngfàn	14	
134	逛	guàng	7	
135	果农	guǒnóng	6	
136	果实	guǒshí	6	
137	海滨	hǎibīn	2	H
138	喊	hǎn	13	
139	好手	hǎoshǒu	13	
140	号召	hàozhào	9	
141	红包	hóngbāo	15	
142	喉咙	hóulóng	6	
143	核儿	húr	6	
144	护照	hùzhào	4	
145	滑梯	huátī	4	
146	欢声笑语	huānshēngxiàoyǔ	11	
147	花园	huāyuán	1	
148	环境	huánjìng	1	
149	换	huàn	12	
150	黄金周	huángjīnzhōu	11	
151	活力	huólì	8	
152	活跃	huóyuè	8	
153	基地	jīdì	14	J
154	几乎	jīhū	15	
155	机会	jīhuì	11	
156	吉	jí	15	
157	吉利	jílì	15	
158	挤	jǐ	10	
159	既……也……	jì……yě……	7	
160	季节	jìjié	2	
161	技术	jìshù	14	

（续表）

序号	生词	拼音	课别	字母
162	继续	jìxù	12	J
163	家乡	jiāxiāng	15	
164	佳肴	jiāyáo	5	
165	甲	jiǎ	11	
166	价钱	jiàqián	6	
167	建议	jiànyì	13	
168	交流	jiāoliú	14	
169	交易会	jiāoyìhuì	14	
170	饺子	jiǎozi	15	
171	街	jiē	6	
172	节目	jiémù	12	
173	近	jìn	8	
174	经过	jīngguò	6	
175	惊讶	jīngyà	9	
176	景区	jǐngqū	11	
177	酒楼	jiǔlóu	5	
178	居民	jūmín	9	
179	橘子	júzi	15	
180	举办	jǔbàn	4	
181	举行	jǔxíng	14	
182	据	jù	10	
183	聚餐	jùcān	5	
184	决定	juédìng	12	
185	开发	kāifā	14	K
186	开业	kāiyè	7	
187	可口	kěkǒu	5	
188	客家	kèjiā	9	
189	空气	kōngqì	2	
190	空调	kōngtiáo	3	
191	夸张	kuāzhāng	2	
192	快餐	kuàicān	5	
193	乐趣	lèqù	7	L
194	雷阵雨	léizhènyǔ	2	
195	厉害	lìhai	2	
196	荔枝	lìzhī	6	
197	连续	liánxù	10	
198	连……也……	lián……yě……	3	
199	良好	liánghǎo	1	
200	凉爽	liángshuǎng	2	
201	亮点	liàngdiǎn	7	
202	聊天儿	liáotiānr	4	
203	临	lín	6	
204	零钱	língqián	3	
205	另外	lìngwài	4	

（续表）

序号	生词	拼音	课别	字母
206	留	liú	11	L
207	留学生	liúxuéshēng	1	
208	流利	liúlì	12	
209	笼	lóng	5	
210	满意	mǎnyì	1	M
211	美式	měishì	5	
212	美元	měiyuán	4	
213	面积	miànjī	10	
214	民歌	míngē	4	
215	明显	míngxiǎn	2	
216	明智	míngzhì	12	
217	难得	nándé	11	N
218	难怪	nánguài	12	
219	内	nèi	4	
220	内地	nèidì	11	
221	年轻	niánqīng	1	
222	努力	nǔlì	1	
223	女士	nǚshì	2	
224	排	pái	10	P
225	派	pài	8	
226	畔	pàn	8	
227	捧	pěng	10	
228	篇	piān	13	
229	品种	pǐnzhǒng	6	
230	普遍	pǔbiàn	5	
231	普通话	pǔtōnghuà	1	
232	期间	qījiān	11	Q
233	齐全	qíquán	4	
234	其他	qítā	11	
235	其中	qízhōng	8	
236	企业	qǐyè	1	
237	清洁	qīngjié	4	
238	清香	qīngxiāng	6	
239	情况	qíngkuàng	9	
240	晴朗	qínglǎng	13	
241	请教	qǐngjiào	9	
242	庆祝	qìngzhù	6	
243	秋千	qiūqiān	4	
244	趣事	qùshì	12	
245	热点	rèdiǎn	7	R
246	热烈	rèliè	4	
247	人均	rénjūn	10	
248	人群	rénqún	10	

（续表）

序号	生词	拼音	课别	字母
249	人山人海	rénshānrénhǎi	11	
250	人生	rénshēng	11	
251	仍然	réngrán	7	
252	日照	rìzhào	2	R
253	如此	rúcǐ	5	
254	如果……就……	rúguǒ……jiù……	6	
255	如今	rújīn	15	
256	伞	sǎn	2	
257	商铺	shāngpù	7	
258	上火	shànghuǒ	6	
259	上网	shàngwǎng	14	
260	设	shè	14	
261	甚至	shènzhì	15	
262	声	shēng	12	
263	声调	shēngdiào	9	
264	生活	shēnghuó	1	
265	生意	shēngyi	15	
266	盛产	shèngchǎn	6	
267	湿度	shīdù	2	
268	食品	shípǐn	7	S
269	使	shǐ	9	
270	市民	shìmín	3	
271	市区	shìqū	3	
272	收银台	shōuyíntái	10	
273	受	shòu	4	
274	书城	shūchéng	10	
275	书架	shūjià	10	
276	熟	shú	6	
277	水果	shuǐguǒ	6	
278	水仙花	shuǐxiānhuā	15	
279	四面八方	sìmiànbāfāng	15	
280	虽然……但是……	suīrán……dànshì……	7	
281	台	tái	12	
282	台风	táifēng	2	
283	摊子	tānzi	6	
284	特区	tèqū	8	
285	提供	tígōng	3	
286	体育台	tǐyùtái	12	
287	天空	tiānkōng	13	
288	填	tián	3	T
289	甜美	tiánměi	6	
290	厅	tīng	4	
291	听力	tīnglì	12	
292	听说	tīngshuō	1	
293	停	tíng	2	
294	挺	tǐng	3	
295	通行	tōngxíng	9	

（续表）

序号	生词	拼音	课别	字母
296	统计	tǒngjì	10	
297	投币	tóubì	3	T
298	投资	tóuzī	1	
299	团	tuán	6	
300	外地	wàidì	7	
301	外资	wàizī	1	
302	晚会	wǎnhuì	4	
303	网址	wǎngzhǐ	14	
304	微笑	wēixiào	12	
305	喂	wèi	13	
306	味道	wèidào	5	W
307	位于	wèiyú	10	
308	温度	wēndù	2	
309	温暖	wēnnuǎn	2	
310	卧铺	wòpù	11	
311	五花八门	wǔhuābāmén	5	
312	吸引力	xīyǐnlì	5	
313	虾饺	xiājiǎo	5	
314	显然	xiǎnrán	13	
315	显示	xiǎnshì	8	
316	线	xiàn	13	
317	现代化	xiàndàihuà	1	
318	相当	xiāngdāng	14	
319	享受	xiǎngshòu	11	
320	向	xiàng	13	
321	小区	xiǎoqū	4	
322	小推车	xiǎotuīchē	10	X
323	校园	xiàoyuán	8	
324	辛勤	xīnqín	11	
325	新闻	xīnwén	12	
326	新鲜	xīnxiān	6	
327	新颖	xīnyǐng	8	
328	行走	xíngzǒu	3	
329	修建	xiūjiàn	3	
330	秀丽	xiùlì	8	
331	选择	xuǎnzé	3	
332	学院	xuéyuàn	8	
333	研究	yánjiū	14	
334	研究生	yánjiūshēng	8	
335	夜宵	yèxiāo	5	
336	……以来	……yǐlái	8	
337	一般	yībān	7	
338	一连	yīlián	11	Y
339	一直	yīzhí	7	
340	意味	yìwèi	15	
341	因此	yīncǐ	9	
342	因为……所以……	yīnwèi……suǒyǐ……	1	

（续表）

序号	生词	拼音	课别	字母
343	引人注目	yǐnrénzhùmù	14	Y
344	印象	yìnxiàng	12	
345	英文	yīngwén	12	
346	营业	yíngyè	10	
347	永远	yǒngyuǎn	7	
348	用品	yòngpǐn	7	
349	优美	yōuměi	1	
350	游客	yóukè	6	
351	游乐场	yóulèchǎng	4	
352	尤其	yóuqí	9	
353	有点儿	yǒudiǎnr	2	
354	于	yú	8	
355	渔村	yúcūn	1	
356	娱乐	yúlè	7	
357	语言	yǔyán	9	
358	约	yuē	13	
359	粤语	yuèyǔ	9	
360	仔	zǎi	15	Z
361	再说	zàishuō	5	
362	赞成	zànchéng	13	
363	早茶	zǎochá	5	
364	燥热	zàorè	6	
365	增进	zēngjìn	14	
366	摘	zhāi	6	Z
367	占	zhàn	8	
368	朝气	zhāoqì	8	
369	政府	zhèngfǔ	9	
370	知己	zhījǐ	5	
371	……之一	……zhīyī	6	
372	只要……就……	zhǐyào……jiù……	9	
373	中巴	zhōngbā	3	
374	重视	zhòngshì	14	
375	周末	zhōumò	1	
376	逐渐	zhújiàn	15	
377	主持人	zhǔchírén	12	
378	主要	zhǔyào	3	
379	专程	zhuānchéng	8	
380	转播	zhuǎnbō	12	
381	状况	zhuàngkuàng	9	
382	自	zì	1	
383	综合性	zōnghéxìng	8	
384	租	zū	4	
385	足球	zúqiú	12	
386	座	zuò	9	
387	坐落	zuòluò	8	

附录2 Appendix 2 全书课文与会话专有名词表 Proper Names List of All Texts and Conversations

（续表）

序号	专有名词	拼音	课别	字母
1	澳门	Àomén	9	A
2	北环大道	Běihuán Dàdào	3	B
3	滨海大道	Bīnhǎi Dàdào	3	
4	除夕	Chúxī	15	C
5	达妮雅	Dánīyǎ	7	D
6	大梅沙	Dàméishā	13	
7	大卫	Dàwèi	9	
8	东京	Dōngjīng	5	
9	东门	Dōngmén	7	
10	俄罗斯	Éluósī	4	E
11	广东	Guǎngdōng	5	G
12	广深高速公路	Guǎng-Shēn Gāosù Gōnglù	3	
13	桂林	Guìlín	11	
14	国庆节	Guóqìng Jié	11	
15	海滨花园	Hǎibīn Huāyuán	4	H
16	韩国	Hánguó	5	
17	后海湾	Hòuhǎiwān	8	
18	华侨城	Huáqiáochéng	11	
19	欢乐谷	Huānlègǔ	11	
20	湖南	Húnán	9	
21	江西	Jiāngxī	9	J
22	金正元	Jīn Zhèngyuán	8	
23	锦绣中华	Jǐnxiù Zhōnghuá	11	
24	卡佳	Kǎjiā	2	K
25	劳动节	Láodòng Jié	11	L
26	荔香公园	Lìxiāng Gōngyuán	13	
27	琳达	Líndá	5	
28	明珠台	Míngzhū Tái	12	M
29	南头	Nántóu	6	N
30	糯米糍	Nuòmǐcí	6	
31	乔治	Qiáozhì	3	Q
32	清华大学	Qīnghuá Dàxué	14	
33	上海	Shànghǎi	5	S
34	蛇口	Shékǒu	1	
35	深南大道	Shēnnán Dàdào	3	
36	深南中路	Shēnnán Zhōng Lù	10	
37	深圳	Shēnzhèn	1	
38	深圳大学	Shēnzhèn Dàxué	8	
39	深圳会展中心	Shēnzhèn Huìzhǎn Zhōngxīn	14	
40	深圳经济特区	Shēnzhèn Jīngjì Tèqū	15	
41	深圳晚报	Shēnzhèn Wǎnbào	13	
42	世界之窗	Shìjiè zhī Chuāng	11	
43	四川	Sìchuān	5	
44	泰国	Tàiguó	5	T
45	田中	Tiánzhōng	1	
46	铁观音	Tiěguānyīn	5	
47	韦尔	Wéi'ěr	12	W
48	梧桐山	Wútóng Shān	13	
49	香港	Xiānggǎng	1	X
50	印度尼西亚	Yìndùníxīyà	5	Y
51	张兰	Zhāng Lán	13	Z
52	中国国际高新技术成果交易会	Zhōngguó Guójì Gāoxīn Jìshù Chéngguǒ Jiāoyìhuì	14	
53	中国民俗文化村	Zhōngguó Mínsú Wénhuàcūn	11	
54	中信大厦	Zhōngxìn Dàshà	10	
55	中央电视台	Zhōngyāng Diànshìtái	12